大是文化

할 말은 합니다
선을 넘는 사람들로부터 나를 지키는 최소한의 언어 습관

笑到最後的職場人對話細節

不再氣到內傷、說錯了吃暗虧，
韓國最強廣播主持人這樣應對，守住底線，又不得罪人。

韓國最強 DJ、個人 YouTube 頻道累計觀看次數
破 3,000 萬次、單支影片最高觀看人次達 228 萬

崔漢善——著 陳彥樺——譯

目次

推薦語 你是狗派還是貓派？／歐馬克 007

前　言 任何關係都從語氣開始 009

第1章 讓狗吠變貓叫，成熟大人的回嘴技術

01 不要生悶氣，笑到最後的人就贏 014

02 反問他：「你說這話是什麼意思？」 020

03 把無禮的問題和答案，一起丟回去 025

04 先沉默，後簡答 031

05 不正不反的回答，不得罪人 036

06 驅除奧客、無賴的五字魔法 042

07 不要獨自傷心，你要把別人一起拖下水 048

08 利用合氣道原理，把你的怨氣推回去 055

09 有些話真的傷人，但你會成長 064

第2章

說話能力非天生，語氣、速度都可訓練

01 越說越能提高自尊心的語氣 072
02 換個方式自我喊話 079
03 自嘲是好事，過度了就會自卑 086
04 明明是缺點，說出來卻像個優點 092
05 老被人看不起，問題可能出在你的語氣 099
06 遇到刻意挑釁者，直接封鎖吧 103
07 改變發音方式，你說話別人更愛聽 108
08 有話慢慢說，對，慢慢說 113

第3章

難以啟齒的話，怎麼輕鬆說

01 不要針對特定事項表達自己的喜惡 118

02 肯定加否定加肯定的三明治說話法 123
03 表達憤怒要描述對方行為，而非語帶威脅 130
04 「不如我自己來」，難怪你活得好累 134
05 有時要得寸進尺，有時要以退為進 138
06 最有說服力的「我們」說話技巧 145
07 怎麼拒絕，才能不傷對方自尊心 152
08 內心顫抖也能裝沒事的應對技巧 160
09 萬一還是緊張？大喊「我好興奮」 166
10 話題很艱澀？用譬喻、講數字 173

第4章 換個方法說，別人覺得你有魅力

01 怎麼向初次見面的人表達關心？ 180
02 太輕易就說出口的稱讚容易散 188

03 被人稱讚了，不用謙虛，說「謝謝」就好 194
04 副詞很好用，但多數人濫用 202
05 同樣的情感，動詞表達更生動 208
06 「我然後你」聊天術，保證不冷場 215
07 絕對不能隨便的「我們隨便聊聊吧」 223
08 怎麼引起對方共鳴？你得抓住感情線 229
09 最好的說話技巧，聽 236
10 不使用表情符號也能有表情的純文字技巧 242
11 見不到面？聲音就是你的臉，語氣是表情 249
12 好對話的基本模式，好好聽話 255
後　記 不挖苦，不大聲說話，不說壞話 263
參考文獻 267

推薦語
你是狗派還是貓派？

廣播人、主持人、聲藝創辦人／歐馬克

「你是狗派還是貓派？」（詳見第三十九頁）以前被問到這個問題，我會毫不遲疑的回答：「狗。」年過三十後，才發現貓的可愛。狗的熱情與衝勁也許很讚，但濃烈的情感，也可能令人難以承擔。

我從做廣播開始，在電臺二十幾年來，接了上萬通 call-in，當廣告配音員了解聲音的變化與情緒，到創立「聲藝」這個品牌，希望能幫助人們透過認識自己的聲音，搞定各種關係，成為理想中的自己。

我非常認同作者「言語是心靈之窗」的說法，我認為聲音就是內在世界與外在世界的橋梁；你若想在外在世界中建立起些什麼，你就必須在內在世界裡準備好，然後透過聲音、說話，把你的想法由內而外傳達出去。

希望在看完這本書後，你的心中也儲備了更多的溫暖與優雅，學會保持好界線與距離，一起體會自己由狗轉貓，又叫做成熟的過程。

前言
任何關係都從語氣開始

「前輩，這句話該怎麼說，才不會踩到對方的底線？」在我累積一定的年資後，公司晚輩們紛紛來問我這個問題。踏入職場之後，有時，必須應答出他人可能會反感的話。

在社會新鮮人時期，我很怕給對方負面的建議，不知道該說什麼話才對，煩惱許久，後來我向一位熟識的前輩請求意見。當時，前輩使用巧妙的手法回答我的疑惑，一下就疏通了我內心的煩悶。

同樣一句話，我來回答的話，分明會是負面的回饋，但前輩修飾過後，彷彿我也成為專業級的說話高手。於是我下定決心要跟那位前輩一樣，說話巧妙有智慧，並有能力可以將自身的絕學傳給後輩。但事與願違，我脫口而出的話總是不同於心之所想。

畢業後，我好不容易能當夢想已久的廣播PD（按：監製、總監），主管卻突然指派我去遞補DJ的空缺。我坐在麥克風前，總是不知所云，明明想認真回答聽眾傳來的留言，我卻緊張到只能官腔回應。

曾以為只要長大成人並累積一段時間的經驗後，我也能像小時候喜歡的DJ一樣，擁有讓人產生共鳴的能力，成為一個很會說話的人。可是結果卻不如我所預期，因此，我需要一個對策來解決這問題。

我認為提高內心的溫暖度，是改善說話技巧的主要關鍵。俗話說，言語是心靈之窗，如果我的內心是溫暖的，言語的溫度也會隨著上升。即使沒有舌粲蓮花般華麗的口才，但我相信只要藏有真心，便能觸動人心。

但過不了多久，對於一個天天都有事要忙的上班族而言，這個方法很不切實際。我除了無多餘的心力提升自己之外，每天還要處理直播節目的各種突發狀況，故這個方法不適合我。

我不僅沒有時間溫暖自己的內心，還因為溫度不夠，讓所剩無幾的熱情也快速冷卻。

於是，我改用跟讀法（shadowing），研究各個說話高手在電視節目上的表現，學習他們的說話技巧。我每天為了準備早上九點的廣播直播，須在清晨出門上班，而我會在通勤的路上，聆聽直播高手們說話的語氣，學習他們的技巧並化為自己所學。

這份學習的迫切感，使我每天從首爾到仁川，來回約長達一百二十公里的上、下班路上都很愉快。車子裡面是最棒的練習室，我在車裡學習廣播主持人怎麼說話、分析他們說的話。

我後來轉職製作廣播節目，每週都會見到一組偶像團體，目前已見過一百組以上。我傾聽他們說話，並在剪輯節目片段時，特別注意這些偶像令人印象深刻的表達方法或話術。

聽得越多，越深切感受到自己能力不足。所以，自從我開始從事與說話相關的工作後，特別能感受到，聽別人說話是一件多麼珍貴的事情。

時光流逝，經過一次次的失誤，我從中找到正確的方法，一點一滴累積成我自己的說話訣竅，漸漸看見言語的美德。這不僅增加我主持的能力，也讓我理解到**「同樣的話，說法不一樣，聽起來也不一樣」的道理，這對我的工作、人際關係與生活都帶來正面的影響。**

在廣播節目錄製現場，我只需要稍微花一點心思溝通，不僅是藝人說話的語氣，連現場工作人員的氛圍也變得很不一樣。雖然過程不容易，但工作上必須說一些不好聽的話時，能以巧妙的話術表達給對方，不僅可以提升自我效能（self-efficacy），也是我成為專業人士的原動力。

我寫這本書，是希望各位讀者能夠看見言語的美德。改變說話習慣，生活也會有所改變。學習說話這件事，在人的一生中如同心靈修養，是終生的課題，在這些屢次失敗又爬起的經驗之中，我相信一定會有所成長，並發現與昨日不同的自己。

如果你至今還在思索，如何巧妙及有智慧的表達，我希望你能夠透過這本書學到，如何正確傳達自己想要說的話，並能學以致用，這將會是我莫大的快樂。

第 1 章

讓狗吠變貓叫，成熟大人的回嘴技術

有些人說話總是不以為意的越界，
這時，我們需要學習不讓自己被吞噬的護身話術。

01 不要生悶氣，笑到最後的人就贏

「○○，該減肥了吧？你剛進公司時，還是我們組的王牌，怎麼才過了兩年就變成現在這副模樣？自我管理也是一種能力。」

聚餐時，突然聽到主管這麼對你說，你做何感想？回擊的時機就只有短短幾秒，如果你只是支支吾吾的，反擊的機會很快就沒了。

你在同事們面前，被說成是一個不懂自我管理的胖子就算了，更令人討厭的是，你氣到只能瞪大眼睛卻一句都不敢回嘴，大概在下班時才後悔說：「啊，剛才應該要這樣回的……。」

對某些人來說，這可能只是玩笑、嘴砲，但當自己被人這樣講，真的很難無心看待，可能還會一直記在腦海裡，在心中烙下傷口。雖然很想找對方追究，但他聽到後大概只會說：「哇，你連這都放在心上啊？」反而被看作心胸狹窄。

主動回擊和被動防禦

可是，類似的事情累積過多，內心的疲勞也會跟著增加。最終，為了保護自己，我們會豎立一道牆，藉以阻擋對方。

「〇〇，你的腳長得很醜耶？長得很像鴨掌。」
「前輩，你為何要對我說這種話？」
「唉唷，我開玩笑的，不要擺著一張臭臉。」

如上述情況，雖然我們看似在釋放自己積壓的火氣，但對方又不知道你的底線，回話太鋒利反而會成為對方反擊的依據。

尤其是在重視階級的職場關係中，如果你老是這樣回應前輩，更容易讓自己被貼上情緒化的負面標籤。這是因為，通常重視團體整體利益的公司，會傾向將個人情感擺在後頭，只追究工作效率。

總而言之，你原先為了保護自己而築起牆，但箭矢最後還是射回到自己身上。另外，還有一種攻擊性不顯於外的牆。

以崔代理的故事為例，他因為好幾個月背負過多的工作量，除了平日加班外，假日也要上班，無法好好休息。他承攬的並不是有時效性的專案，卻沒半個人要幫他分擔、處理。

主管明知崔代理處於工作倦怠的情況，卻對他說了一些無厘頭的話：

「崔代理，你那什麼表情，很累嗎？」

「嗯，有點累。」

「咦，你這年紀不是應該熱血沸騰嗎？我知道你雖然累，但你一定要表現出來嗎？又不是什麼都不懂的新進員工。總之，今天晚上前，可以把這份文件處理完嗎？」

「好……知道了。」

崔代理的工作負擔已達極限，但因不想跟愛挑撥是非的主管多解釋，他只好默默接受一切，並築起一道被動的牆，避免跟對方產生衝突而選擇忍讓。

在這種情況下，受傷的不是對方而是自己。因過多的工作量與未解開的情感疙瘩，讓自己的情緒處於崩潰的邊緣，對方卻無關痛癢。而自己為了避免衝突，用一句「知道了」帶過，時間久了，傷口將會腐化流膿，工作效率也會受影響而大打折扣。

因此，無論回話鋒利或被動，僅靠一道牆來阻擋無禮的人，不是長期的解決之道。

當對方說話一直很失禮時，身體的自我防禦機制會自動開啟。精神分析學（Psychoanalysis）的創始人西格蒙德．佛洛伊德（Sigmund Freud）表示：「人類天生具備自我防禦機制，以保護自己不被外部攻擊或內在罪惡感造成自我倒場。」其中，「被動攻擊」（passive-aggressiveness）是不成熟的防禦機制。雖然對某件事感到憤怒與不滿，但不會直接表達出來，而是改以表面服從，卻又會故意搞砸或拖延，此行為即為被動攻擊，也就是在內心中建立一道被動的回應之牆。

譬如面對職場主管時，許多人常會開啟這種防禦機制。雖然當下覺得保護到了自己，但長期以被動攻擊的方式防禦，易被人批評你是一個工作做不好的人。此行為源於你無意間啟動的防禦機制，但你反而覺得自己受委屈了。未成熟的防禦機制雖成功阻擋了對方的無禮，卻讓你傷得更重。因此，若想健康的守護自己，我們需要適當的回答技巧。

不過，現代社會觀念仍認為不該與前輩頂嘴，在遵守禮儀前提之下，若不事前準備應對方法，我們很難及時回應對方無禮的言語。如果不想再一個人生悶氣，我們須按照自己的個性，依性別與對象，事先熟悉對應的技巧。

印度國父甘地曾說：「依照信念而說的『不』，是為了讓他人開心或逃離危機，比回應『好』更偉大。」

為了守護自己的身心健康，你需要有勇氣的以自己的方式說「不」，這就是所謂的護身語言。

02 反問他：「你說這話是什麼意思？」

韓國有句話說：「愚昧之人若有信念，是很危險的。」[1]有些人不懂得委婉說話，輕易吐出容易對他人造成傷害的話語，尤其在根據年齡大小形成的上下關係裡，**位置越高者，越難承認自己的愚昧。**

面對無禮，用反問回擊

「我可以去妳剛搬的新家看看嗎？」

我剛搬新家沒多久，就有主管這麼問我。我並沒有要辦新家喬遷宴，更不懂他為什麼要拜訪一個單身女子的家？看我一頭霧水的表情，他接著說：「我女兒順利找到工作了，但她的公司離家裡太遠，她第一次要獨立搬出去住。她從小就什麼都不缺，眼光很高。感覺看了妳的房子後，我女兒的眼光可以降低一點。」

我知道主管這番話沒有其他意思，但我聽過太多這種不經意說出的失禮話了。無論他說「讓女兒拜訪妳家可以降低眼光」這句話是否有惡意，對我來說，這句話聽起來就是無禮。

就業後，我終於擁有夢想已久的浪漫獨居生活，我依照我喜好的風格裝潢擺飾，但現在被人當作眼光高低的教育範本，真令人不悅。拋開這個不說，我無法容忍自己平靜居住的空間，成為他們父女的教育場所，如果這次我同意，對方可能之後還會一直要求。

當下，我需要一個可維護關係又能守護自己的聰明回答，於是，我笑著回：

1　諷刺不了解某個領域，到最後還固執己見的人。

「哈哈，前輩，你真的認為這樣她就會降低眼光嗎？」

當我們處於不能直接反擊、又不得不回應的狀況時，反問是最好的回應，可將回答的義務與負擔抛回到對方身上。

當我們感到不知所措時，常會因為腦筋一片空白而錯過回應時機，所以提問是必備的技巧。與其正面決勝負，不如用反應回擊，從對方無禮的話語中把自己拯救出來。

不清楚對方的話是什麼意思或何種意圖時，最好的方法是反問對方，反問對方本意可以減少誤會與衝突，是很好的應對方法，也給予對方挽回的機會。

「哦？出現喜歡肉的了。」

「嗯？什麼意思，你可以說得具體一點嗎？」

「我是肉食派的，妳和我的飲食習慣很像。」

這句話是我從一位參加聯誼的朋友那裡聽到的。對方不是說「妳好像很喜歡吃肉」，而是說「出現喜歡肉的了」，到底是什麼意思？像這種每個聽者都會有不同解釋的話，最好再次確認對方的意思。

若對方的話語讓自己感到不舒服，一定要反問對方本意。當對方重新具體說一遍後，便可得知那句無禮話是否為故意，假設不是故意的，就能輕鬆帶過；反之，若為故意，即可指出對方無禮的地方，開始反擊。

在因為年紀、位階差異而不好直接反駁的關係中，反問是非常有用的說話技巧。**向對方投出的問號就如一面鏡子，間接反照對方的說話失誤。**

「你比看起來的吃得還少。」

「嗯？什麼意思，我不懂。」

「意思是你平常看起來特別喜歡吃零食，但都只吃一點而已啊！」

「比看起來的」這一句話，聽者可能誤解成是很會吃的意思，會讓人想：

「我看起來有這麼貪吃嗎？」當對方說出這種容易導致誤會的話時，必須反問以確認對方的意圖。

聽完對方想表達的本意後，就能知道「比看起來的」的意思是，比想像中吃得少。利用反問不僅給對方正確表達的機會，也能減少不必要的情感消磨。

03 把無禮的問題和答案，一起丟回去

有些人講話就是故意失禮、不在意他人感受。這時用上一節提到的反問法，反擊的力道仍舊不夠，我們需要使用更積極的提問法。

這時，回溯提問是非常有效的方法。回溯法意指從對方說的話裡，找到對話題材的技法，能將意思不明確或感到不舒服的言語再逆流反問。

「我一直覺得，妳跟我奶奶長得真像。」

「是嗎？哪一點長得像？」

「我從小跟奶奶生活，她總是先照顧別人，以他人為優先，我在妳身上經常看到這個樣貌。」

我們偶爾會聽到別人說自己長得像誰，不過這很令人困惑，因為我們不知道說者真正的意圖。他說的話是讚美還是諷刺？是外貌長得像，還是個性像？若無法確切知道是哪種意圖，聽者心裡可能會有疙瘩。

況且，長得像某個認識的人是主觀說法，聽起來不太悅耳。這般隨意性的發言會讓每個聽者的解讀不同。這時，運用回溯提問法詢問對方的意圖，可以減少語意不明而產生的誤會。

名人們常因他人無禮的提問而被羞辱。從他們的訪談中，我們可以發現回溯法的最佳範例：在某場電影試映會裡，演員湯姆・哈迪（Tom Hardy）突然收到記者的提問，記者說看了他以前的訪談，覺得他的性別認同不是很明確，於是問哈迪：「要明星表達對性別認同的看法，是一件很為難的事嗎？」

與電影無關的私人問題，通常會被拿來作為八卦娛樂頭條的素材。碰到敏感話題時，若不好好回答，很可能被扭曲解讀，對演員形象造成致命一擊。在這種情況下，哈迪選擇以回溯法回答：「探討性別認同不難，所以你是想問我的性別認同嗎？」

他先回覆記者的提問，再詢問記者的意圖。記者回答「是」後，他又問了：「為什麼？」記者被這麼一問，因無法回應哈迪的反問，說聲「謝謝」後便結束訪談。

哈迪未被記者困難的提問嚇到，反而從中反問，顯露出對方言語中的無禮。這下子，記者拿不到聳動的報紙頭條了。

由此可知，使用回溯法反問能把對方的無禮力道化為最小，又能防禦、保護自己。**從對方的言語中感受到不單純的企圖或不愉快時，不需要耗盡力氣守護自己或一個人痛苦，透過簡單的回溯提問法即可將無禮還給對方。**

奉俊昊導演用重新框架法，讓美國吃癟

重新框架（reframing）法是找出負面言語中的語病並改變觀點予以回應。代表案例是奉俊昊導演於訪談中的回答。他憑藉電影《寄生上流》於奧斯卡電影節榮獲四冠王，隨後，紐約文化評論報《*Vulture*》記者在訪談時問他：「過

去二十年間，韓國電影發揮很大的影響力，卻沒有半部片入圍奧斯卡候補，你怎麼想？」

奉導演回答：「看似奇怪，但其實也沒什麼大不了，奧斯卡又不是國際電影節，只是一個地方節慶罷了。」

這番回答令美國人相當震驚。美國一直認為自己是世界中心，奉導演透過重新框架法回話，將美國的電影節定義為「地方節慶」，這番言論促使他們恍然大悟。

善用重新框架法，面對對方的無禮你就不會感到難過，還能優雅的反擊。如果將重新框架法搭配反問，效果會更好，這能顯露出對方話中的問題點。

以下舉前陣子，韓國網路上熱烈討論的上班族經驗談來說明。

有一名丈夫因為家暴而被懲處的報導，在公司同事之間成了話題，其中一位職員這麼說：「只因為打了老婆一巴掌就受罰，也太嚴重。」

旁邊的同事則運用重新框架反問法問他：「喔，所以你想打你老婆好幾巴掌，是嗎？」他透過此話術，指出對方說話的問題點。

當對方的話，讓自己不舒服又不知道該從何處反駁時，重新框架法有助於指

出對方說話的矛盾處；若想讓對方知道他的思維有問題時，重新框架反問法非常有效。

這亦有助於緩解當下的氛圍，可以阻擋對話繼續往負面的方向發展，如：

「代理，你越看越像一位將軍。」

「像一位將軍，是什麼意思？是說我能量滿滿、十分勇猛嗎？」

「哈哈，可以這麼說。」

什麼叫做像一位將軍？意思如此模糊不清的話，我們先透過重新框架法解讀後，若發現說者沒有惡意，當下能一笑置之；反之，如果對方給予負面又無禮的回應，我們有立場表示受傷，這時候就可以運用反問法，如：

「代理，你越看越像一位將軍。」

「像一位將軍，什麼意思？是說我能量滿滿、十分勇猛？」

「不是，我是不知道你的體力如何，但你好像變胖了，身材像個大塊頭。」

「怎麼會……你是在酸我嗎？」

這時，再加上「怎麼會」一詞，利用語調表示你「怎麼會」說出這麼過分的話，重新詢問對方的本意，再給他一次機會。

04 先沉默，後簡答

俄國小說家列夫・托爾斯泰（Leo Tolstoy）的最後一本著作《智慧曆書》（*Wise Thoughts for Every Day*）中，有這麼一句話：「有兩種顯露思考錯誤的行為：該說話時沉默；以及，該沉默時說話。」

該沉默時卻發言，說出來的經常是不順耳的評論、愛管閒事的批判，以及充滿傲慢與草率的忠告。這對聽者而言，是令人感到不愉快、無禮且不必要的言語。而該沉默時卻常常滔滔不絕的，通常是年長者或掌握權力的人。

「妳為什麼想做節目？如果只是當興趣，倒不如找個好人家嫁了，舒舒服服的生活才是最棒的。」

我在準備ＰＤ入職考試的時期，某電視臺的ＰＤ前輩曾這樣對我說。

當時，我腦中浮現各種想法。首先，他不是真的想聽我談夢想，也不是真心的問我問題，他還認為嫁去好人家是一種美德。

這般充滿世代隔閡的言論，我不知該從何反駁。當時我為了準備就業，身心早已疲憊，不想浪費力氣在他身上，於是，我選擇沉默以對，睜大眼睛看著他，什麼話也沒說。

如果，說者有不考量聽者感受的自由，那麼聽者也有不回答的權利。

交叉運用沉默、簡答

有時，我們會想簡短回應對方，趕快結束話題，不過，若越界的是上位者或長輩，則必須注意禮儀，你只是單純沉默的話，可能會帶來反效果。

簡短回「嗯」、「呵呵」後再沉默，能阻止對方繼續說話，當他沒話說後，你也不用多說什麼，就能向對方表達出你想要中斷這個話題。

「空窗期不能太久，人總是需要找個伴的。」

「嗯！」

「我說真的，年紀大了會很孤單。你都到適婚年齡了，不可能不找個伴，眼光放低一點。」

「……。」

我們只要當作耳邊風，重複一點靈魂都沒有的簡答，就能促使對方漸漸沒有話說，也可以簡答和沉默後再回答：「原來如此！」對方更難無事生非。

習慣性說話越界的人大多不會看人眼色，他們通常不太顧及他人感受，還認為自己根本不需要看人眼色。面對這些人，需要更明確的表達方式。

「先沉默，後簡答」是將沉默效果發揮到極大化的技巧，調整簡答與沉默的順序，能讓對方更加緊張。

「你會不會太敏感？這樣生活不累嗎？」

「……。」

「為什麼不說話，我這都是為你著想才說的。」

「原來如此。」

先沉默再簡短回答，展現不想延續話題的態度，若此時不露出笑容，僅面無表情的直視對方，更能讓對方緊張到說不出話。

假設你沉默後，對方仍強求要你回答或刨根問底，就代表你的沉默使他感到不痛快，這時你仍要不做反應並保持沉默，只要表現的不想要跟他對話，便能盡快結束話題。

「我從以前就覺得，吳代理妳只要減重就會很漂亮。」

「……。」

「真的啦！」

「好。」

對方把話說完後，你越快簡答，越讓人感覺態度果斷。當對方說了一些「不像話」的言論，沉默與簡答是簡單又有效的回話方法。

05 不正不反的回答，不得罪人

心理學家阿爾弗雷德・阿德勒（Alfred Adler）指出，優越感是一種對於自卑感的補償。選擇使用優越感來逃脫自身陷入的苦境，這樣的人稱作吞食弱者的暴食者。

這些暴食者會說出，有差別待遇與貶低意思的話語，並習慣性說出越界的評論與忠告。

碰到暴食者，沉默不是個很好的應對方法，反而會被暴食者認為是在無視，若不想被暴食者抓來吃，需要使用溫吞的回答法。

是嗎？也許吧！

我每天都會收到上班族訴苦的電子郵件和留言，他們大多講述主管總是看心情對自己亂說話的故事。這些主管的共通點，是講完話的最後都會加上一句「我這都是為了你好」，將自身的言論合理化，凸顯優越感。

面對習慣性迸出越界言論的人，我們會為了避免狀況變糟而正向回應他，但這反而只會讓暴食者更變本加厲，他們會認為自己說的話受到支持，而持續說話無禮。

此時，面對他們的無禮，我們需要不肯定也不否定的雙重回答法，例如：「是嗎？」、「也許吧！」、「我再想想。」等。

金科長加班了一個月，這期間，他下班回到家睡沒多久又要起床上班。然而，他的主管把所有事情交給金科長，自己沒事在旁上網，卻給了無謂的建議：

「金科長，我仔細看了你一眼，我發現你很不會穿搭耶。去買個時尚雜誌來看吧！」

「是嗎？」

「我在你這年紀時，很注重穿著打扮。穿搭也是一種競爭力啊！」

「也許吧。」

這類不考量他人狀況，就傲慢發言的人，通常不分時間場所，只想從對方身上獲得優越感，因此，這時就要用不肯定也不否定的雙重回答法回嘴，因為這種回答方式不是他想要的反應。

「也許吧」這句話包含「不是吧」的意思；「是嗎？」無法知道是贊同或不贊同，讓人很難繼續找碴。

「你又買東西了？花的會不會比賺的多太多了？」

「也許吧。」

「錢要省一點花。照你這樣，以後年紀大了會很辛苦。」

「是嗎？我再想想看。」

有些人會覺得「越界」是理所當然的權利。當對方的言論已超越一般嘮叨、過度干涉，或者帶有優越感時，必然要與他劃定界線。

把他的狗吠變成貓叫

有時候在回應對方時，回得宛如一個說不通的人，也是一種上策。面對暴食者，這是一種讓他在對話中，不能感受到優越感的方法，又稱作把「狗吠聲」變成「貓叫聲」的回答方式。

面對喜歡折磨、吠人的暴食者，若你以同樣的吠聲回應，他可能會吠得更厲害，這時，使用完全相反的貓叫聲轉移話題，是最好的方法。

若不想被對方的無禮言語牽著鼻子走，並能夠隨意阻斷負面話題，只需要利用上述的雙重回答法含糊略過，再加入另一脈絡的話題即可。

「最近的年輕人跟我們年輕時比，一點都不熱血。你說是不是？」

「是嗎？說到熱血，我國小時很喜歡〈熱血〉這首歌。最近歌手劉承俊[2]寫了長篇信請求韓國讓他入境的新聞，你看到了嗎？」

如果能從對方的言語中，取得牛頭不對馬嘴的話題素材更好，便能依照你的意思發展話題。

不過，暴食者還是有可能再來找碴，這時，你需要厚著臉皮，邊笑邊用不正不反的回答法，以及牛頭不對馬嘴的回答方式回應，直到對方疲倦。

被暴食者認為是奇怪的人，長期下來，對自己是有利的。

我有一位同事從一開始就很會利用這種形象，他不隱藏自己活潑可愛的魅力，還順勢營造自己無厘頭的形象。他跟老闆笑著擊掌，對前輩開玩笑，偶爾也會說半語[3]，但沒有人討厭或欺負那位同事，反而覺得他很可愛。

累積一些年資後，他遇到敏感的問題也是捧著笑臉，展現不拘小節的一面。

「你在公司大笑會不會太隨便了？」

「也許吧。對了，你看過電影《小丑》（*Joker*）嗎？看了這部電影，我第一次知道有一種笑不停的病。不知道為什麼，我看到電影結尾主角走下樓梯的樣子，一直想到金興國[4]〈虎蝶〉的舞步，一個人噗哧大笑。果不其然，電影結束後，出現各種惡搞合成梗圖，引起流行。」

光看文字就覺得這人說話很吵吧？回覆的內容也是答非所問。他就是用這種方式堵住無禮者的嘴巴。切記，面對愛吠人的暴食者，不一定要單純的回答。回答時，看似像個奇怪的瘋子，是一種面對暴食者時，可以守護自己的技法。

---

2 韓裔美籍歌手，為〈熱血〉一曲的演唱者。一九九七年出道後成為韓國最受歡迎的K-pop歌手之一。二〇〇二年，劉承俊被指責為逃避韓國義務兵役而成為美國公民，他在韓國的演藝生涯就此結束。隨後，他被禁止進入韓國，成為韓國歷史上唯一一個因取得他國國籍而被禁止入境的人。

3 韓國受儒教思想影響，重視長幼有序，這一點也體現在語言上，因此有敬語與半語的說話文化。簡單來說，對年長者要用敬語；反之則用半語。

4 韓國歌手。

06 驅除奧客、無賴的五字魔法

「情感勞動」（emotional labor）一詞是指工作者能管理本身的情緒，以完成職務。首次出現於一九八三年，起源於美國社會學家亞莉・霍希爾德（Arlie Russell Hochschild）的著作《情感勞動》（*The Managed Heart*）。

不論是聽到顧客賤罵自己卻不能生氣的組長，還是在公司聚餐場合裡，要努力微笑炒熱氣氛的老么組員，大部分的人都會經歷情感勞動的折磨。

「無賴」是造成情感勞動的元凶，並以各式各樣的樣貌存在。通常，我們會對比自己年紀輕或階級低的人、銷售商品或服務的人做出無賴的舉動。

若想要抵抗無賴，我們需要不惹人生氣又能表達自身立場的語句，讓我們一起來背誦驅散無賴的魔法咒語吧。

「你也知道啊！」這句話的魔力

若你經常遇到無賴，一定要記得這個咒語：「你也知道啊！」這句話蘊藏**「現在開始我說的話，你也知道」的認同及尊重，當他們聽到這句話，也會不知不覺受到影響。**

這是因為無賴的心理，都藏有想從他人身上獲得認同的需求。遭受無賴的折磨時，我們首先要做的是認同與尊重他。

「不是啊？要尊重無賴？對那些人應該要態度強硬才對！」

你是不是這樣想？當然，你要態度強硬也可以，但那只適用於你不在乎得失的情況下。可是，大部分的狀況都需要委婉處理，因為工作場合上，自己大多會是乙方，對方則是甲方[5]。

對無賴們表現認同與尊重不代表輸了。「你也知道啊」這句話是讓他們傾聽你說話並戰勝他們的策略性咒語。

「你再多給一個贈品很難嗎？那裡堆了很多個，少一個又看不出來。」

「你也知道啊，公司出貨的數量都是固定的。如果數量不符，一定會要我們賠償的。我跟你的心情是一樣的，雖然很想多給你一個，但真的沒辦法。」

對方一直裝作不知道不能A贈品，但聽到「你也知道啊」後，才住嘴。我們透過體諒的語氣回話，能夠讓他們心情平靜下來。

不過，這個方法限用於他們非刻意要折磨他人的情形。

「為什麼報告寫成這樣？你是能力不夠？還是不夠努力？」

「組長，如你所知，時間非常緊湊，到昨晚為止都在開會，時間真的不夠。絕對不是我不夠努力，再多給我一點時間，我一定會盡全力修改。」

另外，「如你所知」這句話同樣有助於撫平對方的心情。當主管無視過度工作量與緊湊行程，把問題歸咎於部屬的個人問題時，「如你所知」這句咒語也扮演很重要的角色，能促使對方傾聽自己說話。

工作階級高的人，他們覺得自己無所不知，所以聽到這句話，會感覺自己的能力備受肯定。

多虧他們不懂想裝懂的心理，「如你所知」、「你也知道啊」成為對抗無賴的魔法咒語。

5 韓國慣用語。簽訂合約時，主要擬定合約並主導簽署的人稱為甲方，反之則為乙方。甲、乙兩方也代表了先後、強弱、大小、上下等關係：通常由甲方主導合約走向，而乙方能做的就是確認內容，並認同甲方給自己（乙方）擬定的計畫，也因此出現許多不平等合約，這些都一再顯現了甲方的權勢暴力。而韓國社會裡，韓國人普遍都認為自己如同契約，一般處於不對等的甲、乙方關係。

逆轉僵局的「該不會……」

當無賴說話無禮時，以「該不會……」這句話回應，可以透過「你應該不是這意思，而是那個意思吧」的語氣解讀，告訴對方你覺得哪一個部分感到不舒服。假設對方是說話失誤，也可以製造緩和氣氛的機會。

「老婆，妳今天到底都做了什麼？」

「你該不會以為我都在玩，要罵我吧……你應該只是好奇，我一整天忙了什麼吧？」

就算不是無賴，越是親近的關係，越有可能因為當下的情緒，導致說出與本意相反的話，所以對方若能像上述狀況委婉回應，就有機會逆轉情形。

在上述例子中，老婆回說「該不會……」之後，先軟化老公說的話，將老公可能是要「罵人」的話語，改成對自己的「關心」。如果不是刻意找架吵的人，反而可以感覺到你理解他說的話。

這裡的重點，是說完「該不會……」後，先向對方說出你感到不舒服的地方，再告訴對方你正向解讀了這句話，以有禮的答覆解除僵硬的狀況。

「朴組長臉皮有點厚。」

「你該不會是說我不知廉恥吧？我確實是比較偏理直氣壯啦。」

本來打算批評你的人，聽到你正向的解讀他的話後，想嘲諷你的鬥志都消失了。請記住，那些愛說無禮話的人，只是想要看到你驚慌不知所措的樣子。所以快用「該不會……」三個字反轉情勢吧！

07 不要獨自傷心，你要把別人一起拖下水

「才開你一次玩笑而已，反應會不會太大？」

像這樣，偶爾會被越界的人狠狠挖苦。他們認為對方是因為敏感才反應過度。為了不讓越界之人的言論傷害到你，想要保護自己，我們需要事前準備兩件事。

制定我的底線

在做賊喊捉賊的情形下，若不想任對方擺布，要有自己的基準。因為每個人覺得不舒服程度不同，所以要明確制定「我的底線」，才能根據標準對應處置。

「妳長得也算漂亮啦，但不是那個級別，妳懂吧？」

我過去當PD時，曾有人針對我的外貌品頭論足。我認為，每個人對美的定義都不一樣，不斷改變自己去迎合他人的標準是愚蠢的行為。何況，當時我的工作不用站在臺上，而是待在幕後，根本沒必要聽他人對我的外貌做評論。

當下我雖然沒反駁，不過事後一想，這句話已經超越了我的底線。他是在人身攻擊，這不是可以笑著帶過的玩笑話。

於是，我重新回想過去聽過的傷人話，明確制定我的底線，內心變得強壯後，受到他人言行的影響就會變少。

如果你經常因為錯過回嘴時機，事後才後悔的話，那就事先準備好根據不同狀況的回答句，以下介紹兩種非常好用的策略。

你一點都不好笑

若玩笑話失去了趣味，亦失去它的效果。面對很愛說「自己是開玩笑，是你太敏感」的人，要告訴他，不是你敏感，而是你覺得這玩笑無趣。但要怎麼說才能製造嚴肅的氛圍，確切的向對方表達他說的話無趣？

你可以運用初始效應（primacy effect）[6]，「開玩笑般的」反轉局勢。初始效應又稱作第一印象效應，意指首次提供的資訊比後者的資訊，影響力更大。

「經紀人，你最近發福了吧？橫向發展嗎？」

「嗯？你說這什麼話？」

「哎，開玩笑的，幹嘛反應這麼大。」

「我曾以為金組長你是一位很有趣的人，但你說只是開玩笑？你有看到我的眼眶泛淚嗎？我淚水多到看不到前方了。」

與其跟對方辯論是否自己太敏感，不如裝作是在稱讚對方，以「曾以為你是一位很有趣的人」這句話表達，不用太多的說明就能逆轉局勢。

你若常因為這些很愛開無禮玩笑的人而心情受挫，那就創造一個屬於自己的表達方式，讓這些玩笑顯得無力。

尤其是蘊藏「你很無趣」的回應，能夠適用在任何無禮的玩笑話，你還可以不帶情緒就終結這段不想繼續的對話。

「哇！崔PD妳戴上眼鏡，看起來真像一位食堂大媽。大媽，這邊再來一瓶汽水。」

「我一直覺得前輩你很好笑，但剛剛那段話改變了我的看法，你好無趣。」

面對這些喜歡把無禮話包裝成玩笑話的人，我們應輕鬆對付，珍惜自己寶貴

6　意指學習一連串有序列關係的項目時，排列在最初的學習材料較容易記憶。

的時間與體力。

其他人不這麼想

無禮的人通常都不顧他人感受，把越界的言語包裝為說真話、個性直，那麼，盡全力忽視與避開他們，是唯一的方法嗎？根據下述實驗結果，答案並非如此。

哈佛大學心理學家丹尼爾．托德．吉爾伯特（Daniel Todd Gilbert）曾以四十一名互相不認識的大學生為對象，舉辦簡短交談型式的約會行程。首先，在約會前，給參與的女大學生們閱覽即將見面的男大學生簡歷，請她們打預想約會分數，並在和該名男大生約會前，悄悄告知她們，已跟該名男大生約會過的女大生所打的分數。

約完會後，請女大生重新打分數，此分數與她們的事前預想分數比較，差異很驚人。約會前的預想分數與約會後的分數，平均差了二十二分，但與其他女大生打的分數僅差十一分。

我們默默依靠自己的主觀做出選擇，但如同這場實驗，**大腦下意識的在意他人的意見，受他人的評斷影響。因此，無禮的人也會不自覺受到旁人影響。**

吉爾伯特實驗中，還有一點值得注意，那就是人們知道自己受他人影響卻不想承認。他詢問實驗參與者：「自己的預想與他人評價中哪一個更準確？」七五%的參與者回覆自己的預想更準確。

透過這項實驗，我們可以導出一個反抗無禮之人的策略，也就是告訴他們周遭、全世界的意見，讓他知道他的玩笑話很沒禮貌，而不承認自己錯誤的人，一直接收到周遭的意見，也會不自覺受到影響。

「我好奇要怎麼分辨日本人、韓國人和中國人？你們都長得一樣！」

「你在別的地方說這種話，大家都會嚇到的。你這算是種族歧視，說話小心一點比較好。」

「開玩笑的，只是玩笑話，哈哈哈。」

我大學時期，在國外慈善活動上遇見的一位歐洲朋友，曾對我這麼說。即使他平常就愛開玩笑，但這樣的言論還是越界了。案例中的回答，當時是室友代替我回應他的話，他的話很有用，因為那位歐洲朋友從那之後，不敢再開類似的玩笑話了。

動員周邊的意見，有助於讓對方了解到他說的話顯露出無知、無禮。往後他就不會再做出同樣的無禮行為。

08 利用合氣道原理，把你的怨氣推回去

其實遇到習慣性語言暴力或故意批評他人的人，避開他是最好的辦法。但如果是職場上不得不面對的主管或同事，利用合氣道原理處置，便能避免衝突、守護自己。

合氣道是一種不出力抵抗對方，而是藉由對方所出力的反作用力保護自己的運動。

以同樣的原理套入說話技巧，即使是面對社會階級高的人，也能在他的語言攻擊下救自己。**當對方說話攻擊自己時，不要逃避或否定他，反而要利用該句話誘發笑聲，又名為正面誇飾法，就是誇飾對方說的話，正面迎接攻擊。**

利用對方的話反推回去

我們可以藉由正面誇飾法，不以為意的略過對方的無禮話，越輕鬆帶過，越不會影響你。

「你講話真的很慢耶！聽得我很鬱悶，真想以一．五倍速快轉。」

「我說話是有點慢，去年說的話到現在還沒說完，你……想……要……聽……聽……看……嗎？」

先肯定對方，自己的確講話很慢，很讓人鬱悶，再加上誇飾：「去年說的話因為講話太慢，到現在還沒說完」，語速再越來越慢，藉此坐實這個玩笑。像這樣把對方丟的球變成一個玩笑話，當下氣氛變得輕鬆許多。

「你的記憶力真的很糟耶，到底是怎麼考上那所學校的？」

「你說得對，但我是讀哪一間學校啊？那個……記不起來，啊你是誰啊？」

正面誇飾法的另一個優點，是能引人發笑但又不會讓自己成了可笑的人。

若不是刻意想找人吵架，一般來說，面對認同自己話的人，很難繼續找碴，如此下來，令人不舒服的話題自然中斷。況且，**如果旁邊還有其他人，與無理的對方相較之下，還順勢打造你積極樂觀的形象，真是一石二鳥。**

明星們的外貌總是會受到過度的關心，不過，曾有一位明星利用正面誇飾法展現不驚不慌的樣子，累積自己積極正面的形象。

演員艾瑪．史東（Emma Stone）以電影《鳥人》（*Birdman*）入圍奧斯卡最佳女配角獎提名時，在訪談中，一位記者跟她說：

「妳今天也很美唷！」

然而，艾瑪．史東笑著回答：

「謝謝，不管怎樣，最重要的就是外貌了。」

其實，在過去的訪談中，艾瑪．史東曾表示一個人有無幽默感或品格比外貌重要，由此可知，上述回答其實是意思相反的玩笑。她像是肯定對方說的話，但以「不管怎樣最重要的是」這句話誇飾，間接凸顯了記者說話的問題點。

面對記者不提作品或演技，而先稱讚外貌，她很機智的表達自己對外貌至上主義的意見。當你不想要皺著臉或搞砸氣氛，卻又想要表達自己的意見，幽默回應經常是最好的方法。

也曾有過一個案例是肯定對方的無禮話後，收到對方道歉。一位好萊塢演員盧卡斯．蓋奇（Lukas Gage）透過視訊會議進行面試徵選，蓋奇一上線，對方馬上就說：

「窮人住的公寓都這麼小啊！」

導演因忘記按靜音，他對身旁的人說的這番話，都被蓋奇聽見了。聽到這番話，蓋奇反而笑著回答：

「我也知道這個公寓很糟，所以請給我更好的演出機會吧。」

導演驚慌的重複說：「對不起。」蓋奇說：「你不用對不起，我的確是住在箱子裡，你只要給我工作就好了。」他藉由將房子誇飾成箱子的手法，幽默的帶過這個令人不舒服的狀況。

面對無禮話，我們只要不生氣、不受傷，相對以愉快回應，反而凸顯出對方的不禮貌。對於蓋奇的正面態度，人們給予不錯的回饋。

刺耳的話，以「網路迷因」回應

網路迷因（meme）[7]是在網路上流行的數位創作，特徵是賦予有趣的圖片、影片及聲音新的意涵，並重複使用。

利用網路迷因的原理，我們也可以將無禮話，轉換成自己想要的方向發展，即利用幽默感接受對方的話，像網路迷因那樣重複使用。當聽到令人不舒服的言語，不要壞了自己的心情，要重新加工形成一個新的主題。

我弟弟很常說一些沒用的話，像是大叔笑話[8]般的文字遊戲或聽不懂的助興詞，我只是靜靜看著他，都會不由自主的笑了出來。

我這個弟弟的特長就是創造流行語，特別是諷刺現實的流行語，如：家人們說話失誤，以及平常遇到他人無禮的攻擊語言，對弟弟來說，這些都是很好的網路迷因素材。

曾經有一陣子我在實施丹麥減重法，減少攝取碳水化合物，以水煮蛋和柚子為主食。我本來就因為減重變得非常敏感，這時，弟弟卻在我面前吃披薩，更令我上火。

「沒看到我在實施丹麥減重法嗎？你怎麼這麼自私？」

正在吃披薩的弟弟用驚慌的表情看著我，但他不會就此罷休。事後，弟弟看到我在吃炸雞，就故意大聲說給家人們聽：

「現在怎麼都沒看到姊姊實施丹麥減重法啊？」

在那之後，我對自己說的話付出了代價，丹麥減重法在我們家變成搞笑的網路迷因，時不時出現。每當我在吃高熱量食物，如辣炒年糕或漢堡時，弟弟總是一直提到丹麥減重法。

唉，我不應該在減重時，說出刺耳難聽的話，這次算是弟弟的網路迷因獲勝，他還透過網路迷因，揪出我說話失誤的地方，使我欣然接受反省。

弟弟進入社會後，也會利用網路迷因揪出主管的語病，連他同事也被他的流

7 俗稱梗圖，是指一夕間在網際網路上被大量宣傳及轉播，一舉成為備受注目的事物，亦可稱為網路爆紅事物。
8 意指年紀大的男人才會說的笑話。

行語影響，令人感受到，沒有什麼比幽默更能克服當下不舒服的狀況了。

弟弟習慣說一些沒用的話，或許是為了不讓自己籠罩在負面思考，維持正向能量的手段。

把無禮話化作網路迷因時，需要注意幾點。如果當下聽到，馬上做出反應的話，對方反而會覺得被嘲弄而受傷，所以將他人說的話轉為網路迷因的時候，需要一點點的時間差。因為過了一段時間，更容易理性看待狀況。

另外，網路迷因最好是運用在社會地位平等或親密關係之中，不適合對長輩或職場上司用。你若想好好消化長輩說的話還不被討厭，需要相當程度的內功，因為一不小心會被罵不尊重長輩，須注意。

選擇幽默回應代替受傷的心情，接受他人說的話，這才是高階話術。幽默始於游刃有餘與寬宏的心胸，與其責備與討厭折磨你的人，不如以第三人視角觀看他的生活，更能客觀了解狀況。

藉此，你就有辦法以諷刺詼諧的方式面對他。況且，幽默不僅能改變周遭的氛圍，亦能控制自己的思考方式朝正向發展。

美國心理學家兼犯罪心理分析顧問保羅・艾克曼（Paul Ekman）曾說：「情感，是改變我們如何觀看世界及解讀他人行為的方法。」

心中懷抱愉悅，便有力量以搞笑的方式，解讀他人如刺般的言語。與其討厭一個無法改變的人，不如改變自己面對那個人的心情，如何？雖然不簡單，但慢慢嘗試，學成的那一刻就能更輕鬆看待世界。

09

有些話真的傷人，但你會成長

慶幸的是，由於我的 YouTube 頻道《Hirenze》被分類於教育領域，惡評（惡意評論）相對較少，但每次一出現惡評，對我來說都很有殺傷力。像是酸民未完整觀看影片，就扭曲意涵的批評、無止境的批判，以及人身攻擊的詛咒等。這些不認識我的酸民留下簡短一、兩句話，就足以讓我心情低落好一陣子。

不過，因為某則留言，讓我有了不一樣的想法。

從刀刃般的留言之中，發現成長的祕訣

在我艱辛累積到 YouTube 訂閱者達一千名之際，我看到了一則負面留言：

「妳說話慢吞吞，讓我看得很鬱悶，所以我都調快兩倍速觀看。」

雖然他這般諷刺性的語氣，令我很受傷，但我仔細思考後，發現我確實在錄製影片時，說話速度較慢。受到以前廣播主持的經驗影響，為了正確傳達訊息，所以我刻意放慢說話的速度。

但YouTube與廣播是不同特性的媒介，觀眾群也不同。所以，雖然該網民的留言令我不悅，可是他的意見必然有我值得學習的地方。

此後，我拍影片時，會特別加快說話的速度，編輯影片時，也會留意話與話之間的停頓時間，我甚至考慮增加字幕，提高觀眾看影片的集中力。

在調整拍攝與編輯方式後，我的影片開始被YouTube的演算法青睞，讓我的頻道從原本一年累積一千名訂閱者，到現在一個月就增加到十萬名訂閱者，晉升為優質影片。

令我不舒服的那則惡評是我成長的祕訣。假設我不理會那則留言，維持緩慢的語速、以最基礎的方式編輯影片，不可能吸引到幾十萬訂閱者。現在我不去看那些傷人的惡評，但會接收大家針對影片內容給予的負面回饋，將這些回饋化為好的刺激，督促自己的影片內容不要陷於老套。

如果能聽出傷人言語中的重點意見，反而會成為自己的良藥。雖然我們難免會遇到一些毫無根據的辱罵或批判，但仍能將針對工作能力的批評指教作為成長的祕訣。

不要跟他對上眼

我們常會因為他人負面的語氣或表情感到受傷，所以不會認真聽他講話，如果你因為對方看似生氣的表情，覺得他的話聽起來更刺耳，那就不要注意他的表情，以聽故事的方式應對。

職場上，一定有人講話的語氣或表情較強勢，即使常搞得自己受傷，偶爾也會與對方發生爭執，雖然有向對方提議過要改善這種表達方式，但也僅止於當下而已。

過一段時間後，回頭想了一下，這種同事說的話也有道理，雖然表達方式有問題，但一定有值得我學習的重點。於是，與其改變這個人，不如改變我接收這些言語的方法。

當他提高音量時，不要跟他對上視線，可以別過臉改看其他地方。如果看著他發脾氣的表情與不厭煩的臉龐，你的情緒會先受影響，不去注意表情後，就更能聽到他話中隱藏的訊息了。

從那之後，每當他聲音變大或變高亢，你只要選擇將視線移開，就能不帶情緒的溝通工作上的事情。

另外，當你的視線轉開時，最好要用身體動作表示正在傾聽他說話，因為你的視線轉移到其他地方，很有可能被誤認為沒在聽他說話，所以你可以稍微點頭或露出聽完後沉思的表情。

記得，**換另一種聆聽方法不是為了敷衍、逃避，而是為了能更清楚聽到對方說的話。**

重新解讀語氣

想要從對方的話中找尋可以讓自己學習的重點，那就要使用委婉、謙卑的語氣代替粗暴直接的口吻，重新解讀他說過的話，如：

「這什麼鬼啊，別想用不怎樣的內容吸引人，先換個標題吧。」

→「我不懂你在說什麼，我是被標題吸引進來的，但內容跟我所想的有落差，感覺換個標題可能比較好。」（我重新解讀）

上述對話是我頻道開創初期，在影片底下的留言。這種帶有攻擊性的語氣雖然令我大受打擊，但我改以委婉方式來看待，反而讓我看到很重要的訊息，而且還是有利於改善頻道經營的關鍵。

當時，我的經營做法是先完成影片後，再以其中值得吸引大家關心的文句，設定影片縮圖和下標題，但站在觀看者的立場，很有可能覺得內容與期待不符。

後來，我調整製作程序，在製作影片大綱的同時，順便構築標題與影片縮圖，至此之後再也沒有收到這類負面回饋了。

檢討並內化

不是每一則負面訊息都會是成長的肥料，因為有一些惡評是毫無理由的批評、沒根據的批判，再說，過度接受他人主觀的回饋，可能導致自己的個性色彩消逝。因此，自己必須檢討對方的言語中，是否有足以成為肥料的訊息。

下一步，我們則需要一些時間，等待自己軟化對方鋒利的訊息。誰都不樂見他人批判自己，所以，**與其在聽到令人心情不好的言語後，感性的判斷要不要接受對方說的話，不如給自己一點時間思考，更能客觀檢討。**

「你每天待在家裡，當然談不了戀愛。拜託出去多交一些朋友吧。」

不受用之處：不是我談不了戀愛，而是沒感覺到必要性。

↓生活型態有很多種，故不接受對方不尊重自己生活型態的言語。

受用之處：過太久沒與人交往的生活了。

↓跟不同的人交流，取得活力與拓展眼界有利自己的成長。

你可以像這樣找尋對方話中的重點訊息並委婉解讀，選擇符合自己信念與生活模式的良藥攝取。

雖然這實踐起來不容易，但俗話說「良藥苦口」，只要忍著苦喝下去，我相信接下來的成長會帶來好幾倍的甜蜜滋味。

第 2 章

說話能力非天生，語氣、速度都可訓練

若你習慣自責並經常批判自己，
從現在開始，提高你的自尊心，
對自己說出比任何人更親切、體貼的言語。

01

越說越能提高自尊心的語氣

習慣性說出口的話，會凸顯出這個人的內在，這也是為什麼社會生活越久，跟人交流越頻繁，越需要留意說話的表達方式或語氣。而為了維持圓滿的關係，我們不知不覺開始在意自己對他人說的話。

那麼，你對自己又是怎麼說話的？你努力向他人說出溫暖鼓勵的言語，但對自己卻做不到？理由有很多，如：沒時間照顧自己的內心、當下的目標更重要、無法符合自我期待等，但我們卻又經常無意間對自己說：「我就是這樣啊！」、「我怎麼那麼令人心寒？」讓自己變得更渺小、內心不安定。

裝作自尊心高的說話技術

我的語言極限在哪裡，我的世界就到哪裡。

這句話為語言哲學家路德維希．維根斯坦（Ludwig Wittgenstein）的名言。發生不好的事情時，把自己局限於負面語言，最終自己的世界只會越來越狹隘。

請為自己說話，不要讓每天說出口的話局限自己。思考也算一種語言，反言之，在努力改變語言的過程中，也要改變思考。

就如**你想展現出好的那一面給其他人看，你也要對自己說一些溫柔親切的話語**，即使有了負面想法，對自己說的話要像對待他人般，先過濾純化後再說出口。至於為什麼要這麼做，原因可從人類大腦的特性得知。

世界級精神科學家兼憂鬱症專家柯亞力（Alex Korb）在著作《一次一點，反轉憂鬱》（*The Upward Spiral*）中表示，人類的大腦會因為情感處理方式，對負面事件的反應更強烈。

他曾說：「**若想克服困境，正面情緒要高於負面情緒，約三比一。假設遇到一件負面事件，要有三件正面事件才能掩蓋過去。**」換句話說，**如果有人對我留下一則惡評，我至少要對自己說出三個以上的鼓勵、好評。**

在此，我推薦一個方法：裝作自尊心高並懷抱珍愛自己的心，替自己留下好評。你可以先從認識的人中，挑選一位自尊心最高的人，並試著學他的講話方式對自己說話。

停下現在的負面想法，練習轉換成正面情況，如果真的一時想不出來正面的表達方式，可從以下兩個方法試著轉變思考。

常講「學到了」和「我又成長了」

面對負面事件和窘境時，隨著態度不同，會出現兩大結果：透過負面經驗學習然後成長；或者受到挫折後自暴自棄。請選擇前者，並以前者的心情鼓勵自己吧！越是辛苦困難的時候，越要對自己積極樂觀。

當你畏縮和遭遇挫折時，記住「我又成長了」和「學到了」兩個關鍵字，並轉換表達方式：

「我又粗心大意了！反正我就是這樣啊！」

↓「下一次要更細心，這次又學到了。」

「毀了，我到底為什麼會這樣？」

↓「透過這件事我又成長了，當作是一個契機讓我成為更厲害的人。」

與他人對話也是一樣。因工作失誤需要道歉時，不要再自責、否定自己，你已經因為失誤而受挫，若再二度傷害，將會更難克服問題。

要禁止擴大解讀疏失並過度類化（overgeneralization，意指以一、兩次的經驗事件為根據下結論，甚至用於無關自身的狀況，對自己產生誤解）自己。過度類化也有可能給人一種，想要藉由自責來逃避根本問題的印象。故首先，乾脆的承認錯誤並道歉，緊接著再表明自己將會制定對策，不讓自己犯第二次同樣的錯誤，這才是專業的溝通方式。

「都怪我能力不足，我也很厭煩自己這個模樣。」

↓「我沒能好好確認而犯了錯，真的很抱歉。下次會多確認幾遍，不會再犯同樣的錯誤。」

「看來是我沒有什麼社會能力，以後該怎麼繼續在職場上混下去啊？」

↓「我要更加努力補足自己的不足並促進自我發展。」

精神科醫生和心理學家都一致認同，想要提高生活幸福程度與健康生活，就要提高自尊心。

以高自尊心狀態生活不是一件容易的事，人類作為社會動物，只能不斷的比較和被比較。即使平時是自尊心高的人，在經歷很大的挫折後，自尊心也會降低，他們同樣也是經歷無數的挫折後，再次恢復自尊心。

如此說來，你也能做得到。

回想起我過去的經驗，我當初重考後考上想要的學校，以及後來嚐到備審卻落選的苦頭，最終還是成功就業的時刻，在我完成重大成就的那一刻，我站在我自己這邊。比起用自責與冷落來鞭策自己，我選擇安慰自己，而這麼做得到的結果更好。

我開始工作後，越是心情好與有自信的狀態下做出來的創意節目，通常成效都不錯。

- 「人不可能完美。」
- 「下次做好就好了。」
- 「下次別再犯錯。」
- 「托它的福，我學到了。」
- 「當作是成長的機會吧。」

當你負面思考時，請試著重複說上面這幾句話吧。

沒有人從一開始就是完美的，再做一次就好了！下一次做得好就行了！不停歇，越變越好才是最重要的。

02 換個方式自我喊話

二十歲的我曾對自己非常嚴厲，我聽到同齡的人在他的領域展露頭角的故事時，我也會很想趕緊找到適合自己的領域，成為一名專業人士。

隨著出社會越久，累積各式各樣的經驗，年紀也稍微長了一些後，我才明白我太早局限自己的可能性了。在我開始可以整頓自己的說話能力後，我漸漸對過去未考慮過的溝通表達類的工作感興趣。如果我在二十幾歲時，保持開放的心胸，接受更多可能性，現在會變得怎麼樣呢？

回頭一想，我只留下了惋惜。因為錯誤的假設與不對的概念，讓當時二十歲的我，在自我評斷時，更容易出現認知扭曲，特別是上述所及的過度類化情形，那會事前阻斷自己的可能性，出現「我果然沒有才能」的想法。

失敗時，要稱讚自己

習慣性說出怪罪自己的負面話語，不僅對成長毫無幫助，還會傷到自己。若你有這個習慣，必須從轉換平時的用語來改善。

若你屬於會自責的人，請在下列的表達方式中，選幾個自己喜歡的：

- 「這也是有可能的。」
- 「原來如此。」
- 「是這樣啊。」
- 「對耶。」

當你說出：「我真沒韌性。」、「為什麼連自我管理都做不好？」、「我的意志真薄弱。」之前，暫時先以「原來如此。」、「這也是有可能的。」代替，保留批判自己想法，並且為了不讓自己再犯同樣的錯誤，要告訴自己：「做了就對了。」、「下次要做得更好。」、「建好SOP就沒問題了。」

「啊，我肚子裡裝了乞丐嗎？才吃完飯沒多久，又有點餓了。」

↓「原來是肚子餓了，那吃一點點不就好了。」

「我手指是打結了嗎？為什麼錯字這麼多？」

↓「錯字真多啊，修正就好了。」

「我果然沒有說話的藝術，放棄吧。」

↓「勤練習，也能說得好。創造一個屬於我的練習方法吧。」

「看樣子是我不會讀空氣，是不是該辭職了……。」

↓「人總會有失誤的時候，下次先多思考，再說出口吧。」

換個方式自我喊話，不只是自我合理化，也能安慰自己往更好的地方發展。

稱讚代替批評

我們大腦裡若存有負面記憶，即使十次做得好，也會因為一次的失誤遭受極大的挫折。

有一個方法可以幫助自己儘早脫離這樣的泥沼，那就是在失敗時，要反過來稱讚自己。假設想不起自己做過什麼好事，就在今天發生的事之中，挑選一個做得最好的事情。

那不用是什麼偉大的事，如：運動、料理、學習、上班，或每天都安分做好的好習慣。雖然你可能說這些都是每天重複做的事，但請你試著稱讚這些習慣，代替你傷害自己的批評。

- 「今天也平安的上、下班了！」

- 「這個月有持續運動，真棒。」
- 「即使早上匆匆忙忙出門，穿得還是很帥，我就是這麼有 sense！」
- 「什麼啊！竟然一次就解開這道題了，我是天才吧！」
- 「我的吃相很有福氣吧？真是惹人愛。」

如上述例句，不妨對自己說說這樣令人噗哧一笑的稱讚，讓自己沒有空去想負面的批評。回想近期值得稱讚之處的過程中，你會發現自己做到的事情比想像中的多，這將會成為你持續努力的內在原動力。

若能依照下列範例，經由「行動－成果－稱讚」三階段具體的稱讚自己，效果會更好。

①
今天一早起床運動了。（行動）
感覺體力有變好。（成果）

我真棒，持續管理自己的身材！（稱讚）

②

這週特別忙，但所有的事都順利結束了。（行動）

拿下三個企劃和一個交易。（成果）

我真有能力啊。（稱讚）

③

我招待自己美味的一餐。（行動）

煮了燉菜，還有做了涼拌菜。（成果）

我果然很愛我自己，真棒。（稱讚）

如果你還是對稱讚自己感到不自在，這裡有一個讓你改變心意的有趣實驗。

研究指出你所使用的詞彙與講話方式會連帶影響情緒。美國臨床心理學家艾美·

貝爾登（Emmett velten）將實驗者分為兩組，各給六十張字卡且每張字卡上的文句都不同。

第一組收到宇宙或交通狀況等與情感無關的字卡；第二組則收到有關情感的字卡，上面寫有讓人變得積極向上的文句，例如：「又是差不多的一天，但今天也一樣心情很好」。

各組大聲唸出自己拿到的文句後，再請他們自我評估各自讀完字卡後的幸福指數，結果值得令人關注。第一組的實驗者們沒有任何情感變化；反之，第二組則回答更有幸福感了。

如同他們因閱讀一段文句而改變心情，實驗證實積極正向的語言能夠改變一個人的情感狀態，尤其是稱讚。對自己積極表達與稱讚，心情會不知不覺的變好，所以，從現在開始，閉上眼睛三十秒，找尋自己近期值得稱讚的行為吧。

03 自嘲是好事，過度了就會自卑

我曾因某人對我說了不好聽的話，造成我出現不適反應。那是發生在我國小四年級，參與兩天一夜的校外教學時。我生平第一次因為整天一直在意同班同學不經大腦說出的言行，而發生不明原因的腹痛，我痛到整晚抱著肚子冒冷汗，後來確定是神經性胃炎。

我承認我是一個心思細膩又敏感的人。不知從何時起，為了減少壓力造成我的身體不適，在還能預防的階段，我會先想：「那個人為什麼要那麼說？」、「我的心情為什麼會突然變這樣？」

以了解心理代替討厭他人，心會變得比較平靜。我想把我過去累積的言行、信念，分享給跟我有相似困境的人們，因此，在我的 YouTube 頻道第一個努力傳遞介紹的訊息就是有關我的言行信念。

自曝其短是NG行為

即使是最親近的人，也有一個絕不會說的話題，即你自認的缺點與自卑情結，如果他人沒先指出，你絕對不要自己先提。

我們不需要提供機會給他人來中傷自己：

「我的額頭是不是很寬？」

這句話從我自己嘴裡說出來後，直到國小畢業之前，「油亮亮」這個綽號一直跟著我（意指我的額頭大得發光）。經由此事，我領悟到一件事：如果我自己說出來，朋友們就會知道這個缺點，並嘲笑、欺負我。在我說出口之前，未曾有人說過我的額頭很寬。

人比我們所想的更不關心其他人，若不是電視出演的藝人或喜歡仔細分析他人外貌的人，根本不會知道他人認為自己的缺點是什麼。

腿短或腳大都只是自我感受的缺點，然而，**當自己說出缺點或自卑之處的瞬間，那個缺點或問題便會容易被人看見，這稱作「框架效應」**（framing effect）[9]，意指特定的事件根據看待角度的不同，有不一樣的結論。

在我脫口而出的那一刻，等同於自己給自己套上一個負面框架。

而我的 YouTube 影片下的留言也證實了這項事實。在片頭一開始，我主動表示：「其實我有額頭寬大的自卑情結。」接著說：「好，現在大家都中了魔法，看到我額頭寬大的樣子。」

結果留言一堆回覆：「在妳還沒說之前，我不曾看見大額頭，但現在看到了。」、「現在我的眼裡只看得到妳的額頭。」在那之後，其他影片裡也持續出現關於我額頭寬大的留言。

其實他人也許根本不想知道我的缺點、自卑情結。我們通常都是以整體形象、語氣或感覺記住這個人，不會記得這個人是不是雙眼皮、臉頰上面有沒有痣、眉毛濃密還是稀疏。

當自己暴露出自己的缺點後，才會引人注目，也就是說，是**自己提供了別人不知道也沒關係的負面資訊**。同理可證，性格缺點也一樣，沒人知道的短處在說出口的那一刻，隨即變成別人判斷你的標準。

自我批評久了，會變真的

自我批評的話語同樣是吞下去較好。自我批評的發言比自曝缺點更顯得貶低自己，例如常聽到的「我他媽的真爛」、「我真蠢」等，自我批評裡含有髒話或嚴苛責備的詞彙。

積極向上的言語表達方式會在無意間對自己造成影響，負向的言語一樣也

9　由阿摩司．特沃斯基（Amos Tversky）和丹尼爾．康納曼（Daniel Kahneman）於一九八一年所提出，說明我們在做決策的時候，若以不同的方式呈現相同的資訊，會導致我們做出不同的決策。

會。正向的言語能促使大腦活躍，產生好心情；負面的言語則會把人拖進泥沼裡。說出口的話，會藉由耳朵傳入大腦和心靈並產生創傷。

自我批評的另一個問題點是，因平時會批判自己，所以當他人攻擊自己時，它會成為一個弱點。

你可能會覺得是對方不懂你，無法理解你說這些負面言語的脈絡或意涵，若對方真也對你抱有負面看法，更會促進你助長這種想法，如：「你看，他也認同。」、「果然我想的沒錯。」強化對自己的批判。

舉例來說，自我嘲諷是「時尚恐怖分子」[10]時，若有一、兩個人認同，你就會被叫時尚恐怖分子，你不在場的場合裡，它就變成你的代名詞。雖然被貼上標籤是一瞬間發生的事，但想改變大家錯誤的認知卻要花很大的努力和時間才行。

- 「反正遲早會失敗，我不用盡力做。」
- 「我們做的事情還不就是那樣。」

除了自我貶低之外，貶低自己所屬的團體也是很常見的現象。當然，我們想要渡過每天都不輕鬆的生活，或許需要詼諧、玩笑。但是，這種自嘲的玩笑僅有知道其中脈絡的人，才會知道這是玩笑話，所以，年資高的前輩對青澀的新進員工，也不宜說這些自嘲的玩笑話。

10 韓國用語，源於英文（fashion terrorism），意指不會穿搭。

04 明明是缺點，說出來卻像個優點

與上一章的狀況相反，偶爾會有必須講出自身缺點的情況。像是自我介紹或面試一定會被問到個性的優、缺點；上臺報告時，也需要說出提案的好、壞處。該如何不被有限的字數與時間影響，明智的講出短處呢？我曾也有過這樣的煩惱，因為我害怕自己不慎說錯，會對錄取或報告結果有不好的影響。

專家們建議在寫自我介紹時，要以看似非缺點的方式講述自己的缺點。講得很簡單，但怎樣才能把缺點表達得像優點呢？

我過去在求職時，不知道該如何將這個方法應用在寫履歷中，於是我請在電視臺工作、已當上PD的學長、學姊給予建言。我比較他們與我寫的自我介紹後，才掌握到自己的缺點。重點大致分為「什麼」與「如何」，合格與不合格取決於選擇寫什麼缺點，以及如何表達。

缺點也要包裝

「即使是同一格式，也取決於如何包裝。換句話說，包裝紙最重要。」

這是一位PD前輩製作節目時，喊到口乾舌燥的口號，令人印象深刻。要在充滿相似主題的文創產業裡，製造全新的項目實屬不易，但包裝節目的方式、溝通調性（tone & manner）、及演出是否感覺新穎，會讓節目看起來很不一樣。

這段話亦成為我不斷創新的原動力，無論是闖入Podcast或YouTube市場時，雖然主題差不多，但我確信以「我的聲音、我的視角」等包裝而成的企劃是有創意的，所以我才能在被演算法選中之前，堅持一年的辛苦時光。

同理可證，缺點用什麼樣的包裝紙表現，會因不同的說法，讓聽者產生不同的形象。此從不同視角觀看特定事件，人們出現的反應也會從不同的理論延伸。

舉例而言，瑞典美容商品——蛋白面膜皂，起初以香皂產品形式宣傳，但它的販賣價格以香皂來說太貴，所以刪掉香皂，只強調「面膜」兩字後，銷售量開始急速上升。

那我本身的缺點該如何表達，重點在於選擇哪一個詞彙：

「我的缺點是韌性不足。」

➔「我的缺點是做到後半段，耐性會下降。」

「敏感是我的缺點。」

➔「我因為心思細膩，所以有時會感受到其他人感覺不到的壓力。」

「我的短處是動作比別人慢。」

➔「我雖然做事謹慎，但合作時，速度比別人慢，偶爾會讓人覺得鬱悶。」

上述例句的前後句差異可分為二：**第一、不使用「韌性不足」、「敏感」、「緩慢」等直接性的詞彙，要用更委婉的方式表達。**

雖然意思相同，但拿掉過於果斷的詞彙，聽起來會更柔和一點，如：自私、懶惰、冒失、優柔寡斷等，即使事後附加說明，仍會給對方烙下不好的印象。

例句中，為了避免留下不好的印象，故以「耐性下降」代替「韌性不足」；「細膩」代替「敏感」；「速度慢」代替「緩慢」。

第二、不使用果斷的語氣釋義。講述缺點時，建議避開太清楚的表達方式，這也是我準備就業時曾犯過的失誤。

想以開門見山的寫法讓讀者一目瞭然，結果在第一行就以果斷的語氣寫上自己的缺點。其實，缺點取決於狀況，假設缺點是緩慢，可是這項短處在平時不成問題，問題只會出現於急迫艱難的時候。而在未說明狀況之下，以果斷的語氣描述自己不好的地方，這般言詞對自己太苛刻了，主動讓不認識自己的對方產生不佳的印象。

與其武斷表明：「我的缺點是韌性不足。」若具體提出「合作的時候」、

「做到後半段」等狀況描述，給對方一個非總是如此的印象是很重要的。

講不傷大雅的短處

「我對我的腳趾感到自卑。」

例句是演員金泰希，被問到是否有對哪個部位感到自卑時的回答。這是一個非常有智慧的回答，腳趾是一個不輕易讓人看見的部位，而且公開也不會對形象造成致命的傷害。

講述自己的缺點時，我們可以從這個回答之中學習。核心要點為在思考自身短處時，選擇首要缺點以外的缺點，即，無論誰聽了都不覺得是問題的缺點。

雖然是一種缺點，但是講出來也沒關係；或能夠克服；或已克服，三者擇其一，也能比較順其自然的接著說明：

「我的缺點是冒失。」

↓「我很關心別人，所以有時候會多管閒事。我正在努力學習說話前，先多想想會不會造成他人不舒服。」

「我敏感又抗壓力低。」

↓「我因不懂得拒絕，所以心很累。正學習如何巧妙拒絕他人的說話法。」

「我對於額頭寬，感到很自卑。」

↓「雖然我對駝背感到自卑，但正在學習皮拉提斯，藉以克服治療中。」

講出無傷大雅的短處，並且表明正在克服，如此一來，聽者的關注重點會從缺點轉移到你的努力，也能避免他人評論。

假設你害怕顯露缺點，「仰巴腳效應」（pratfall Effect）[11]可以增加你的勇氣。仰巴腳效應是指平常聰明完美的人犯錯時，更令人有好感。缺點反覆出現，雖然會形成問題，但是如果平常累積正面積極的形象，卻稍微有一點缺點，反而更能提高他人對你的好感度。

11 又名為出醜效應，是指個人犯錯後人際吸引力發生變化的趨勢，這取決於個人的感知能力。特別是，能力強的人在犯了錯誤之後，會變得更討人喜歡，但普通人犯了相同的錯誤，則會變得不那麼討人喜歡。

05 老被人看不起，問題可能出在你的語氣

有時候我們必須有戰略的表露自己，在重視專業的職場裡，若想保護自己，如同穿上一件合適的衣服，我們要依狀況雕塑一個配合對方的形象。

我會刻意避開那些喜歡控制他人或優劣感強烈的人，因為他們把人視為競爭對象，並以過度的優劣感扭曲解讀，容易誤解他人言語中的真義，連好意都能解讀成好欺負。

減少使用「好像……」

在面對讓你陷入危險的對象，更需要選擇厲害的戰略。這時，最有效的方法

是改變你的語氣，要保護自己不讓人覺得好欺負，最好改用果斷的語氣。

你**如果曾被人小看或受到不當待遇，先檢討你平常的說話習慣**。跟「遇強則弱，遇弱則強」的人對話，最好別使用帶給人弱小形象的口吻。以下舉例對照，讓人看起來優柔寡斷或沒自信的敘述方式，及果斷、乾淨利落的表達語句。

我們常亂用「好像……」這種推測語氣，為了不讓自己在公司裡說的話成了事後要負責的根據，很常使用推測語氣。習慣使用這種語氣後，會讓人覺得你說話沒自信，一定要小心不要在講述情感或想法時，也習慣性的說「好像……。」

「您剛才說的想法，好像還不錯。」

↓「您剛才說的想法，前所未見，超級創新！」

「喔，這好像很好吃。」

↓「喔，這個好吃。」

「延後兩天左右好像沒關係。」

→「延後兩天就好。」

「比起那件衣服，我好像更滿意這件。」

→「比起那件衣服，我更滿意這件。」

過度濫用「好像……」會令人反感，人們對看起來有自信與自在的人覺得很有魅力，**如果連自己都不能確信，說話沒自信，有誰會信賴你，覺得你有魅力**呢？因此，在特別需要信賴度的重大發表會或須說服他人的場合，一定要有自信的表達，虜獲聽者的心。

習慣使用「好像……」，也許是在意他人眼光，因為重視「別人對於我說的話有什麼想法？」故以含糊籠統的方式，來表述自己的情感或想法。

但是我希望至少在表達興趣或正面情感時，可以少看重他人的眼光，例如：「好像很好吃」改為「很好吃」；「這個音樂好像很不錯」改為「這個音樂很不錯」。這些表達方式既不會傷及到其他人，也沒有正確答案，即使有人批評，只要回他：「我是這麼覺得啊。」就好了。

我說好、好吃、心情好，有誰會說什麼？假如真的有反駁意見的人，那就抱持著「啊，原來你不這樣認為，那就算了」的態度便可。自己的興趣、情感問題有權利不受他人評價束縛。

06 遇到刻意挑釁者，直接封鎖吧

我每天行駛在路上，會遇到形形色色的三寶駕駛。

包括在禁止超車區域危險插隊的厚臉皮族；未閃燈，就左右來回切車道的危險駕駛；駕駛沒注意到石頭從貨車上掉落，砸破後車前窗玻璃；還有穿越隧道時，對向的車子突然朝對角線撞過來，接著撞上隧道牆壁等。

我回想起這些親眼目睹的事故，至今，心臟仍然撲通撲通的跳。

看到這樣亂開車的駕駛，我也不自覺會罵粗話、朝他們按喇叭或生氣。他人暴走的行為，可能威脅到我的生命。因為三寶駕駛，我為了保護自己，會不自覺展現出粗魯刻薄的一面。

那麼，該怎麼辦？令人惋惜的是，我們內心受傷時，不太會積極正視言語攻擊所造成的傷害，為求一個圓滑美滿的社會生活，只會忍耐、自我檢視是否是自己太過敏感。

但是，當你遇到交通事故時，最好要展現自我保護的本能，注意要往外車道開或按喇叭警示危險的車子，別讓它撞上自己。

責罵 vs. 批評

如同豎立交通法則，我們也要在心裡建立標準，幫助自己在適當的狀況之下按喇叭。

首先，**我們以忍耐與否為標準，查看對方的說話是以事實為基礎的批評，還是單純的責罵**。當然，任何人都不甘於聽到他人對自己說不好聽的話，所以無論是批評或責罵都不能接受。

但有時，對方的批評可能是讓自己成長的墊腳石。

我們透過以下的例句，了解批評與責罵的差異：

• 「你聲音跟屎一樣，真噁心。」（責罵）
• 「第三個解決辦法，好像很難適用於全部的人。」（批評）

如上述例句，面對對方主觀的責難，我們需要警告他。就像沖馬桶一樣，我們也要以「封鎖」來沖掉像是留言在 YouTube 頻道下的謾罵等。所以，面對這些毫無根據的責罵、暴力性言語，我們需要制定一個標準發出警告。

先判斷是失誤還是故意

有時候，我們雖然因某人的言行受到傷害，但我們還是會煩惱該不該警告他，還是靜靜讓它過去。

如果你處於煩惱該不該忍耐的情形，請試著回想對方的言行是否為故意。任誰都有可能犯錯，如果是一段親密或必須一直相處的關係，容忍一、兩次的失誤也沒關係。

不過，若這樣的失誤是一個習慣並會傷害到自己，這時就必須建立一個不能再忍受的警告標準。

說話慣性傷人的人，通常你不表現出來，他不會明白自己的行為對他人造成什麼樣的影響。因此，一定要以溝通解決，這也會成為建立健康關係的出發點。就算他慣性開口傷人，只要能在溝通後接受並努力改善，我們就可以跟他建立成熟的人際關係。

反之，有些人仍然不接受並一直為自己辯護，面對這種無法溝通的人，我們以下一個標準辨別。

不聽勸，就封鎖

有一句成語叫馬耳東風。由此可見，不聽他人意見或批評的人，從很久以前就存在了，我們稱這種人為「關耳者」。如果你在煩惱該講出來，還是忍耐的話，可以先判斷對方是不是關耳者。

如果他一開始就認為自己說的話是對的，還不聽取他人的話，那麼耗費時間努力跟他講道理只會造成你的損失。此時，應該要走為上策，上策就是想辦法逃離不讓自己受害。

與關耳者發生衝突時，即便照上述標準發出警告也沒用，不如暫時離開更有效，所以，當我**看到惡評，我不會警告性的回覆或跟對方吵架，而是安靜的封鎖**。

如果是能溝通的人，根本不會特別空出時間去傷害他人。如果封鎖好幾次卻解決不了問題，這時不要直接應對，請透過法律途徑與他們對話。

07 改變發音方式，你說話別人更愛聽

根據一九九七年ＵＣＬＡ（加利大學洛杉磯分校）心理學家艾伯特．麥拉賓（Albert Mehrabian）教授提出的理論「麥拉賓法則」（the rule of Mehrabian），說話者的形象受視覺或聽覺等語言外部性因素影響，大於談話內容本身。其中，談話內容占七％；聽覺因素占三八％。由此可知，聲音對於整體感覺扮演重大角色。因此，具有說服力的內容加上令人信賴的聲音，能夠增加說話的分量。

熟悉如何正確使用自己的聲音，有助於培養自我效能，所謂的自我效能，指相信自己可以獨自成功實踐某件事情的期待或信念。比起與生俱來的容貌，聲音是能夠靠努力改變的領域。

如果能感受到每天說話的聲音正在進步，說話也會產生自信。積極掌控自我發聲的能力，在必須說出內心話與說話保護自己時，是非常重要的。以下介紹能有自信提高聲音的方法。

找尋自己專屬的語調

好的聲音聽起來順耳宏亮，在找尋屬於自己平穩的語調之前，先要找到自己天生的音域，了解自己是屬於小提琴的高音，還是低音提琴的低音後，發出適合自己音域的聲音。

想要找到自己音域，最快的方法是回想自己平時喜歡唱的歌曲風格。到KTV時，相較於其他朋友，你是屬於高音很厲害，還是低音聽起來比較舒服呢？主要唱的歌曲又是哪一種風格？

大致上掌握音域後，接下來按著喉結，試著了解自己的音高。從音階「Do」開始發聲，當音高於自己的音域時，喉結會往上升；相反的，聲音低到不再出聲的時候，喉結會下降。發聲時，喉結位置不變的音即是自己的專屬音。

假設屬於你的音調是「Mi」，試著在「Mi」音調講話。**如果出現跟平時不一樣的音高，表示平時講話的聲音比自己的專屬音或低或高**，長時間以不符合自己音域的聲音說話，對聲帶不好，所以找尋自己舒服的音律講話比較好。

知道自己聲音的音高後，開始練習上、下變調說話吧。

發出宏亮又順耳的聲音

找到屬於自己的音域後，下一個階段是提升聲音的宏亮度。就像好的擴音器或匠人製作的樂器擁有渾厚的回音，好的聲音也需要回音。人類從聲音中產生回音的方法大致分為兩種：

一、透過腹式呼吸法發出渾厚的聲音。

二、確保最後傳遞聲音的嘴巴空間。

聲音無回音、聽起來薄弱，都是因為喉柱發出的聲音在口腔裡盤旋。如果想要發出渾厚的聲音，腹式呼吸法是最好的方法，放鬆脖子的力氣，試著按壓腹部說話。

腹部用力說話，減少用喉柱出力，能夠發出更平穩的聲音。雖然短時間內改變發聲方式是一件很辛苦的事，但只要持續練習使用腹部力量，便能比以往用更深層的聲音說話。

如果從腹部發出的聲音在口中受阻，也會造成回音不足。因此，我們必須注意最後發出聲音的口腔形狀，防止這個問題發生。平時說話嘴巴開口小的人，先練習把嘴巴張大，笑著說話，微笑可以確保口中的回聲空間。

利用此原理，擴張嘴巴裡的空間。口中呈現圓形空間，產生聲音共鳴，再將共鳴發聲於外。

最後，為防止聲音被堵住，必須檢查喉嚨。吞口水時，喉嚨會開了又關，當關著喉嚨說話時，聲音會悶悶的。利用哈欠打開呼吸道的原理，**我們要打開喉嚨發出更清澈的聲音，拉長「呼」聲說話，也是一種打開聲音的方法。**

經由哈欠和「呼」聲打開喉嚨後，就能發出稍微有分量感與共鳴的聲音。平常說話時，練習維持這種感覺，即能減少負擔，平穩發出聲音。

「即使是同一個話題，更令人有信賴感，也能更集中傾聽。」

「明明是恐怖節目，為什麼聽起來這麼溫馨。」

「妳的聲音很柔和，讓我每天都想聽廣播睡覺。」

上面是我透過廣播、Podcast 和 YouTube 媒介講話時，最常收到的回饋。聲音是創造獨特魅力的強力武器，同時也是讓聽者持續聆聽的力量。善用自己原來語調的優點，並以順耳宏亮的聲音說話，即使說話長度變長，聽起來也舒服。

08 有話慢慢說，對，慢慢說

語氣蘊藏那個人的個性，故急性子的人通常說話快；慢吞吞的人說話慢。不過，說話風格沒有一定的答案。

但如果常因為無法一次溝通到位，讓對方不斷重複反問好幾遍，則需要改善自己的傳達方式。若你從事要常溝通說話的工作，解決其品質低落的問題有利於事後的工作。

想要有一個傳達力好的語氣，改善發音是最好的方法。如果說改善發聲需要持續長久的努力，改善發音只要一點努力就能立即產生變化，況且，即使說話聲音小，不太會發聲，但發音夠好，一樣能正確表達意思。

聲音小可以藉由麥克風的輔助彌補，但發音破碎又傳達力不足的問題，比較不易透過輔助幫忙。熟悉下面方法後，套用在每天使用的詞彙，自然身體會感受到傳達力一點一點變好。

慢慢說

如果不是從事像專業的演員或配音員這類重視傳達力的工作，當話說得越快，發音通常也越來越不好。

雖然我也是透過訓練矯正發音，但只要速度變快，也會出現發音黏在一起或支離破碎的現象。剛開始擔任廣播主持時，前輩們給予最多的建言是慢慢說話，心越急躁，說話漸漸越來越快，音不自覺會黏在一起。

所以刻意放寬心慢慢說話之後，會減少很多發音被吃進去或說錯話的情形。

門外有四輛四輪大馬車，

你愛拉哪兩輛拉哪兩輛。

如果無法輕鬆改善發音，檢測自己平時說話的速度也是一種方法。如上述例句，唸得比平常慢一點後，再稍微變快一點，便能感受到因速度產生的發音差異。**慢慢說的時候，嘴巴能更確實集中張開，故更有利於發音正確。**習慣慢慢說話之後，速度再一點一點加快，試著提升發音的準確度。

第 3 章

難以啟齒的話，怎麼輕鬆說

拒絕、請求和說服的話，通常不好開口，
本章將告訴你這些難以啟齒的話，如何輕鬆說。

01 不要針對特定事項表達自己的喜惡

你是否曾經遇過，即使不想討厭但總是很壞心的人？或者不想和他待在同一個空間的人？

一路上，我也遇過很多壞蛋，包括只要我出現一點反對意見，就會大聲嚷嚷的主管、讓工作氣氛變得奇怪的其他部門職員，以及到處搬弄是非、挑撥離間的前輩，他們都是我離職之前，就算討厭也必須碰面的人，這促使我確切感受到出社會後，會遇到很多想放棄卻不能的狀況。

尤其是我擔任PD的時期，我必須與各部門的工作人員合作，經常要與這些壞蛋們溝通，後來，我從大量的錯誤中學習，找到幾個要領，能跟討厭的人和平說話了。

學會這些要領，你也可以安然的跟壞蛋們對話。

將好與壞的表達減到最少

我人生中第一次遇到壞蛋是在國小五年級，身為轉學生的我，似乎因為穿了一件紅色披風外套，被一位班上同學排擠。在辯論課上，無論我說什麼話，他都持反對意見。

不管他孤立我的理由為何，我只記得我曾經很喜歡的辯論課，因為他，而漸漸變成一段令人疲憊時光，從那刻起，我對於「對任何人的意見都先否定」的人很敏感。

如果**不得已要跟討厭的人說話**，最好別被他抓到把柄或話中的瑕疵。這時，**最好的辦法就是盡量不要表達自己的喜惡**，因為，當你丟出喜歡或討厭什麼東西的話題，等同於給他折磨、反對你的機會。

「這件案子各有優、缺點，但也不是件壞事。」

如上述例句，必須提出意見時，以中立的表達形式為佳。感覺很政治性的話題，回話回得模糊不清有利於保護自己，如果擔心簡答聽起來沒有誠意，可以列出客觀性的優、缺點代替自己的喜惡。

NG句：聽說……、聽來的

假設是必須透過談話決定案子或交換彼此主張的狀況，最好不要說不確定的事情，因為你一旦被認定是囫圇吞棗或不確實，主導權就會落到對方手中。

- 「我從某地方聽來的，聽說這個市場最近有下跌的趨勢。」
- 「我聽說這兩個企業要合併。」

尤其禁止「聽說……」、「從某地方聽來的」等語句，即便你是隨意舉例，但對關係不好的壞傢伙來說，這是一個把柄，有可能降低你說話的信賴度。

如果真的要談論不明確的事情，以「雖然不是很確定」、「可能是……」為開頭，事前告知對方有錯誤的可能性，即可提前阻擋對方針對不確實的資訊攻擊你。

越討厭要越有禮貌

如果關係尷尬或彼此討厭，多多少少會透過表情或語氣顯露自己的內心。但**為了擁有一個圓滿的職場生活，不表現出厭惡的表情比較好**，這時我**建議要畢恭畢敬、有禮貌的說話**，因為**遵守禮貌是掩飾「討厭」最有效的方法**。

雖然要有禮貌的跟一個，連待在同一空間都討厭的人說話，是一件非常不容易的事情，但你就把它想成你是為了自己而遵守禮貌，為了使你自己當之無愧。

對討厭的人有禮貌還有其他益處：第一、不會讓對方抓到自己的把柄。盡力展現你禮貌的一面，至少他不能藉由態度或語氣找碴；第二、自己當之無愧。與負面的人在一起久了，自己也很有可能漸漸變成那個模樣，所以要特別注意。即使對方的態度很差，維持你平時應有的成熟態度才是長遠之計；第三、促使對方產生你不是好惹的印象。使用剛毅有禮的語氣，不容易被人批評，他會認為你是一個不易戰勝的對手。

越是討厭的人，越要恭敬的待他。

02 肯定加否定加肯定的三明治說話法

我在當PD時，需要監督他人製作的內容後給予回饋。由於職業的特殊性，我還背負製作創新內容的義務，因此我更不忍指出他人創作不好的地方，因為我知道那過程中，需要經歷好幾個月苦心企劃，以及說服主管好幾次。

加上我也會評論到年資差距大的前輩所製作的內容，不得不小心。因此，監督會議裡常會散發一股尷尬的沉默。

然而，當我的立場轉換成被監控作品的一方後，我才明白負面回饋的重要性，比起無回應，聽起來不順耳的苦言，才能有效的幫助我改善作品。看到前輩和同事們，在不傷人的前提下，指出該改進的地方，我學到了他們的表達方式。

與他們共同工作學習後，以下要來教大家如何提起勇氣，將苦言變甜的三明治說話法：「肯定－否定－肯定」。

先站在對方的立場肯定

美國天普大學心理學系教授羅伯・萊娜（Robert Lana）發現根據訊息內容的熟悉度，分別會產生前述提過的初始效應（最初的資訊會比後追加的資訊產生更強烈的影響），與時近效應（recency effect，最新資訊比過時資訊更容易記住的現象）。

如果對資訊關心度高且熟悉，以及內容具爭議性，初始效應的影響較大；若對資訊感到陌生且不關心，則會產生時近效應。換句話說，越是有爭論空間的負面回饋，利用初始效應是有成效的。

「這次創新演出的內容令人津津有味。在預算有限情況下，你邀請嘉賓一定不簡單，還能做到完成度高的內容，真是辛苦你了……。」

針對內容提出負向回饋前，先以肯定語句開頭，如此一來，後面接續的否定訊息聽起來有更委婉的效果。考量對方立場的回應能打開聽者的心，因為製作艱辛的過程被人理解，有種被照顧的感覺。

若想幫助對方成長，一定要先站在對方的立場想。

再委婉的否定回饋

雖然說是苦言，但不一定要聽起來很苦，即使是負面回饋，若能委婉表達，則不會令人反感。想給予對方建言，要捨棄強烈否定的詞彙，如：覺得節目整體節奏太慢很無趣，改以下列方式代替「無趣」、「不怎麼樣」等負面詞彙：

「不過，相較於現在的觀眾都偏愛觀看節奏快的節目，你的節目內容感覺步調有點慢。」

即使委婉表述，也仍然充分表明意思。雖然以肯定為開頭，可是接著使用強烈的負面表達方式，對方很有可能只會記得後面的負面反饋，導致初始效應失效。

因此，**須給予負面回饋時，先想好替代表示負面的詞彙後再說較好**。

「最後一幕的演出意圖是什麼？我覺得這一幕沒有意義。」

↓「我很好奇最後一幕的演出意圖是什麼？它沒有直接傳達給我。」

「無意義」、「沒效果」、「無趣」等負面語句容易引起反感，聽起來也令聽者覺得有攻擊性，通常年紀或職位較高的人，對年紀或職位較小的人易犯這種錯誤。

只要稍微改變一下敘述形式，就可以來一場富有建設性的溝通，若不想減低工作夥伴的士氣，以及要達成更好的成果，一定要記得慎用負面表達。

最後，提出實質解決方案與鼓勵

我認為未給予解決方案的負向回饋等同於無情、不負責任，隨意評論別人的成果不好，跟門外漢沒什麼兩樣。如果不能予以可行的解決方案，應先捫心自問自己是否有評論的資格。

製作節目時，最難之處是，我們只能依循不懂製作、說話不負責的管理者，他們的發言來履行企劃。

以YouTube為例，好比觀眾們期待我的頻道有教育性的內容，管理者們卻突然下令，要在我的頻道上傳現今流行的韓國演歌影片。若不想成為一個把航行正軌的船隻轉到奇怪地方的舵手，需要提出實際能夠理解的解決方案。

在一個教育頻道上傳韓國演歌影片，這種異想天開的方案，反而會降低人們對你先前累積的信賴度。

「為符合現在觀眾偏愛快節奏的取向，減少話與話之間的留白，如何？」

延續前面提到慢步調的負面評價，接著在此階段，可以提出藉由後製編輯解決的方案。提出方案時，**以勸誘代替強求的表達方式，會讓人聽起來較為舒服，而且也間接告訴聽者最終決定權仍在他手上的效果**。

當聽者認為自己有決定權，比較能卸下心防，真心考慮解決方案。

「我認為只要調整節奏，就可以獲得更多觀眾的好評。你的節目已經很不錯了，未來將會有更多人喜愛。」

提出方案後，最後以肯定的鼓勵結尾。透過勉勵提醒對方，這個負面回饋都是為了幫助他成長發展所說的話，你如此苦口婆心都是為了共同製作的企劃與對方好。

我不是很喜歡淘汰制的徵選節目，但看到參賽者聽了評審的評論後成長的模樣，我覺得苦言是成長的必要因素。雖然要不要破殼而出與個人意志關係最大，但在協助產生動力與找到正確方向這點上，有時專家的觀點會扮演重要的角色。

如果必須跟人說一些不好聽的話，一定要記得帶著真心關懷對方的心意與溫馨的表達。

打破堅硬蛋殼的力量，包括鳥寶寶的努力與鳥媽媽的溫暖。

03 表達憤怒要描述對方行為，而非語帶威脅

有一句義大利諺語：「生氣是最貴的奢侈。」憤怒最大的問題是生氣的情緒會危害到人類，倘若以不對的方法發洩怒氣，不僅傷人，亦無法緩解自己心中的怒火，累積後還反倒成了各種疾病的根因，危害到自己。因此，我們需要一個有智慧的消滅怒火的方法。

焦點放在「行為」代替指責

你有過生氣後反倒變得更氣的經驗嗎？主持廣播節目時，我偶爾需要演戲，但演到一半我卻常被自己的情感嚇到，就像有一句話說：「不是因為幸福而笑，

是笑著笑著變幸福。」

生氣也是一樣，我明明只是演出生氣的樣子，但心臟卻跳得越來越快，真的生氣了。此次經驗讓我體會到，若陷入憤怒的言語或情感中，可能會消磨情緒，人際關係也會隨之亮紅燈。

以解決代替憤怒有助於更健康、智慧的發洩怒氣，首先，試著從裡外找出憤怒的原因，仔細探查後，再尋找生氣的原因是對方的行為，還是職場上亂糟糟的系統？找到原因後，以「解決」問題的方向開始說話。

生氣時必須注意不要指責對方，指責是阻礙溝通的主要凶手，因為那不是針對對方的錯誤行為，而純粹指責對方，會先引起不好的情感。

「你似乎沒有時間觀念。」

↓「你每次都超過約定時間，令我覺得你不尊重我的時間。」

即使對方每次遲到，令人火冒三丈，也不要像第一個例句一樣指責對方。要把焦點放在你因他的何種行為造成損害。

生氣很容易講出冷嘲熱諷的話，像是「不會早一點出門嗎？」但這樣反而讓做錯的人抓到把柄，對方被你的冷嘲熱諷傷到，有可能會要求你道歉。

用希望、要求代替脅迫、強求

如果對方是讓人感到輕鬆自在的親朋好友，我們有時候會不小心對他們使用脅迫或強求的語氣。脅迫或強求會促使難以解決問題，這種語氣也蘊藏著想要控制對方的心理。

以你單方告知代替溝通解決問題，已在關係中形成權力，這很有可能衍生為另一種長期暴力，需要特別注意。

「再遲到一次，看我怎麼收拾你。」（脅迫）

↓「希望你下次不要再遲到了，我無法再等下去了。」（希望）

「你，以後絕不准再插我話。」（強求）

↓「我們已經雞同鴨講，話題走偏了，拉回來吧。」（要求）

如上範例，**以希望或要求代替脅迫或強求，能夠維持關係平等並傳達你的溝通意向**。針對爭吵原因或造成負面情感的行為提出要求，才算「解決」問題。

- 「你要這樣的話，我們分手吧。」
- 「乾脆不見你，這樣我心裡更舒服一些。」

有時，我們也會以這極端的表達方式顯露生氣的情感，不經意脫口而出的話，在僵持狀況結束後，仍會折磨對方。國小三年級時，我忘了交摺紙作業，老師當時對我說：「我竟然被最信任的人背叛了。」這句話至今我仍印象深刻。

言語造成的傷害不管大小，都可能影響一輩子。特別是極端詞彙最好不要說出口，雖是一時的氣話，但對方可能當真，進而感到失望或收回自己的心。

04 「不如我自己來」，難怪你活得好累

「不如我自己來。」

你曾因為不敢拜託他人，而獨自背負重擔嗎？

請求的負擔其實源自於低人性化（infrahumanization，覺得他人或其他團體比自己或自己所屬的團體較不人性化）的心理。我們自我揣測他人對自己的請託，會感到厭煩或不想幫助，認為對方比自己較不人性化。

其實，請託反而會讓關係變得更加深厚與人性化。美國開國勛班傑明・富蘭克林（Benjamin Franklin）知道互相幫助能潤滑關係，並積極善用這點。他寫信向敵對政治方借昂貴的書，與對方建立善意的關係，透過小小的請託，搭建人性

化關係的橋梁累積好感。像這樣，**請求在人際關係中偶爾也能成為加分因素**。

請託與請求還有一個益處是，獨自做會很辛苦但越多人做越能變成大規模的工作，彼此互相聽取請託與幫助，能夠發展成各式各樣的可能性。

因此，如果你必須請託他人協助，一定要練習不怕被拒絕，試著說出口，就算被拒絕了，若自己的語氣或提案內容都沒有問題，與其認為是被對方拒絕，不如想成是對方因不得已才拒絕。

稍微改變自己的觀點，也能減少對方拒絕自己所帶來的負擔。

說明請求內容與確認對方狀況

即使是相同的請託，有些人可以欣然接受，有些不想接受，最根本的原因在於拜託的語氣。語氣會顯露態度，拜託他人時，一定要具備合乎禮儀的態度。

特別是年紀或職位越高，越容易犯了將請託變成命令的錯誤。部屬工作量爆表卻因上級的「命令」而無法拒絕，不僅導致工作效率降低，也會擴大員工的不滿，管理起來會難上加難。

- 「李科長，我急著準備明天的代表會議。我要匯集這週所有的報告書，你可以幫我做嗎？」
- 「請問你現在有空嗎？我要去茶水間拿個東西，但一個人搬有點重，可以幫我一起搬嗎？」

工作上的請託，要具體說明請求的原因與內容，充分說明完之後，再詢問對方是否可以協助，這樣受託者也會更認真思考協助的方法。向他人請託時，一定要注意，不能因為對對方感到抱歉，就簡單模糊帶過欲請託的內容。

敏感的請託，要問「方不方便」而不是「能不能」

如果不是因為工作，而是私人的事情欲請求他人幫忙，有些人可能反應會較為敏感。

這時，**應該著重在對方的「情感」提出你的請求，非單刀直入問「能不能」**。

「我下週末要搬家，一個人搬有點重……你那天早上有空嗎？」（時間上能與不能）

↓「我下週末要搬家，如果請你早上來幫忙，可以嗎？抱歉在休息的週末拜託你這種事，如果不方便，可以直接跟我說。」（對方的內在意願、情感）

即便關係再親近，週末早上搬家不是一件令人樂意的事，因此，請託前先問對方的意願。如第一個例句詢問對方是否有空，是探聽物理上的可能性與否，若改以詢問對方的意願，對方能夠更誠實的回答。

05 有時要得寸進尺，有時要以退為進

我曾以為只有純真或年紀輕的人，會被「你懂道嗎？」這句話騙。結果我竟然和邪教團體成員聊了一小時，就乖乖的提供聯絡方式給他們。

我在準備就業時期，考完某一家電視臺的公開招聘考試後，去大型書局逛了一下，想藉由書本安慰我考砸與虛脫的心靈。當我四處探看書櫃時，一位女學生開口向我搭話：「姊姊，妳那件衣服哪裡買的？剛好是我喜歡的款式。我剛從鄉下北上沒多久，不知道哪裡有不錯的服飾店，可以告訴我嗎？」

從鄉下北上、購物都是一些輕鬆的話題，於是我毫無抗拒的回答她了，接著她繼續說到自己從哪裡來，來學什麼……跟她聊著聊著，我鬱悶的心情似乎稍微緩和了，對於她的提問，我毫無保留把自己所知道的資訊都告訴她，當她說到想

要跟我深入認識的時候，我也很爽快的給她聯絡方式。

與她離別後，我逛到就業準備區，這時，又遇到另一個人來搭話，他說自己也是就業準備生，請我推薦哪一本書適合閱讀。以他跟我是同一處境的立場，感覺彼此同病相憐，我也老實的回答他。輕鬆的聊了就業相關話題後，我不知不覺又給他聯絡方式了。

我再往雜誌區移動，又有另外兩位大學生來搭話。這次，我雖然覺得有點奇怪，但他們表現出考試灰心，一副「順其自然吧」的態度向我問問題，又跟我聊開來了。他們問了我大學科系，而我則以畢業多年的學姊立場提供一些小資訊。聊了一會兒，這次我又豪邁給出電話號碼，總覺得被迷惑似的。

跟他們道別之後，終於要來看書了，而這時又有一個人來跟我搭話。我漸漸開始煩躁了，正當我猶豫要不要用一句話打發他的時候，他對著抬起頭的我說：

「我剛剛一直在觀察你們，那些人是邪教集團，妳要小心。我以前也在這裡遭遇過同樣的事情。他們剛開始先裝作偶然遇見，然後會開始接近妳跟妳搭話，我後來才發現他們是邪教傳教士。」

我聽完這番話後，有種當頭棒喝的心情，於是，我打開手機封鎖他們的電話號碼，那時的衝擊仍然歷歷在目。在書局各區向我搭話的那三個人，電話號碼尾數似乎都一樣，到底他們給我下了什麼樣的魔咒，我竟然不如往常，乖乖的交出聯絡電話？

平常遇到有人問我：「妳懂道嗎？」我都裝作忙碌走過去，不曾停下腳步回應。而這次，我被嚇到了。後來我才知道他們使用的是哪一種心理技巧。

得寸進尺法

此法不僅用於邪教的傳教活動，也常見於銷售及行銷。利用對方難以拒絕負擔較小的請託，之後再漸漸說服他答應更大的請託，稱作得寸進尺法（foot-in-the-door technique）[12]。

「請你試吃看看這個，不好吃不買也沒關係。」

「嗯，味道還可以。」

「你看價格，優惠只到今天，明天開始就漲回原價了。」

你不感興趣嗎？接受試吃不是難事，但隨著銷售員緊接的邀約，你看了下價格，聽了他的話，不自覺手上就拿起試吃過的食物。

這跟我告訴傳教士，我經常逛的服飾店及推薦就業相關的書籍後，自然而然提供給對方我的聯絡方式，是一樣的道理。

「請您花個一分鐘觀看這個影片，之後我會銜接很重要的話題。」

不僅於營銷或銷售領域，在很需要說服力的簡報上，也能透過這個策略集中

12 是一種透過先提出一個簡單的小請求，來說服被勸說者同意一個較大請求的勸說方法。

對方的注意力，吸引對方站在自己這邊、支持提案。看一部短片不難，以一分鐘的影片引導對方集中注意提案內容，再正式說明自己的主張。

此方法在有眾多競爭者的狀況或發表時間太長，導致聽者注意力渙散的狀況之下特別有用。

我有一位朋友在戀愛時，非常會善用這個策略。她會拜託曖昧對象一些小事，包括簡單的借東西、幫忙提包包，或是拜託他教導課業等。

看起來不是很大的事，但她每次都能成功藉由這種方式開啟一段戀情。

以退為進法

一般人通常在拒絕一次請託後，會答應下一次的請託，因為拒絕過一次大請託後，心理會產生下次要接受小請託的決定，因為他想藉由答應幫小忙減緩拒絕他人不舒服的心情。

而利用這種心理進行協商或說服的技法稱為「以退為進法」（door in the

face technique）[13]，又名「拒絕後的讓步策略」，也就是先提出比原本負擔更大的請託，如果對方拒絕，再提出一個較小的請託贏取被勸說者的同意。

所以，即使**被拒絕也不用灰心。只要拒絕的那一方，出現一絲絲抱歉的心情，他下次答應的可能性會比之前大**。與其擔心被拒絕而不提案，以長遠來看，被拒絕一次有更高的機率帶來好的結果。

「根據客人您的品味，我推薦A套組，價格是二十五萬韓元。」

「嗯，這金額對我來說負擔有點重。」

「那，B套組如何？雖然價格十萬韓元，但CP值高，很多客人選擇它。」

「好，那我要B套組。」

13 是一個主要出現在社會心理學中的殺價或談判方式。勸說者透過提出一個會被拒絕的離譜要求，讓被勸說者同意第二個較為合理的請求，相較單獨提出「合理的請求」更容易被接受。

以上是美容院常用的策略。即使主力商品是B套組，但利用以退為進法，先推薦客人最貴的A套組。客人拒絕A套組，再提出相對低廉的B套組，接受率會變高。

以賣出B為主要目的，先提出A時，也有可能出現其他利益，也就是客人意外選擇A套組，則獲得比原定目標更大的收益。這也就是為什麼在協商價格時，會利用以退為進法先提出比預期更高之金額的原因。

06 最有說服力的「我們」說話技巧

生活中，我們會遇到許多需要說服他人的時刻，其中最困難的是，對方的態度看起來冷酷的時候，例如：面試或提案新企劃時、遇到看起來不想買的顧客，以及面對自己中意但似乎對自己沒有興趣的相親對象。

從事節目製作的我，經常需要說服別人，製作一個新企劃節目最先要說服公司與主管，而好不容易說服成功，開始製作節目後，還有一個很重要的說服對象——觀眾。

節目裡傳達的訊息或趣味性，必須符合觀眾胃口，節目才能做得長久。說服看不見的觀眾，是我一直煩惱的長久性問題，因為趨勢變化快速、觀眾的需求多樣化。

而最大的問題是節目收視不好，觀眾不會告訴你哪裡不足或可惜之處，只能以觀看數、收視率或留言數等數據查看他們的反應。

提出「利益」吸引對方傾聽

我自從開始經營 YouTube 頻道以來，這類的煩惱一直困擾著我，因為沒有電視臺名氣或明星的加持，我只能倚靠一個人的力量引起觀眾的注目，因此我需要與製作廣播或新媒體短片不同的說服技巧。

頻道初創期的影片，我以自己想告訴觀眾的事物為主題拍攝，好不容易在一年間累積了一千名訂閱者。

為了擴展訂閱者數，我需要涉略不一樣的方法，左思右想，找尋培養頻道成長的方法之際，我得知一個手機 App，在該 App 中搜尋關鍵字，就能得知搜尋頻繁度、競爭影片的個數與關鍵字的契合度。之前我都是以感覺、有趣為主，得知這個 App 後，我開始以「數據」製作影片。

幾個月後，訂閱者數急增，竟然在一個月增加十萬訂閱者，尤其是「如何說話有魅力」、「如何說話有趣」等主題影片，將影片「益處」直接置入標題或封面反應特別好。

解決觀眾心頭之癢、不舒服的地方，反倒成為他們觀看影片的緣由。

大家都有各種煩惱，**越是難搞、冷酷的對象，越要事前調查掌握他的煩惱，因為其中藏有說服成功的關鍵。正確指出對方不舒服的點或煩惱，並提出解決方法，有更大的機率可以成功打開他原先關上的耳朵。**

假設你在面試，應該要事前掌握公司現在煩惱的問題與關心栽培的業務內容是什麼之後，再推銷自己為適合的人才。原本對你漠不關心、坐在椅子上的面試官，也會豎起耳朵聆聽。

- 「請問……嗎？」
- 「假設……？」

破數十萬到數百萬觀看紀錄的影片，大部分都是以上述文句為開頭。我在自己的 YouTube 影片中，會先講出對方可能的需求或苦惱的語句，打開觀眾的耳朵，使他開始好奇接下來的內容，以提高觀眾的持續觀看率。請記住，是人都很在意自己的利益。

對話提及我們，更容易搭上話

當我們感覺到對方正在說服自己時，常會不自覺手臂交叉或撇頭表示防禦，因為不想看起來好欺負。如果彼此還未累積信任，露出警戒心是必然的，所以在說服還未向自己釋放善意的對象時，一定要特別注意，不能展現像是要占他便宜或會造成他損失的樣子。

這時候最好的辦法是運用「我們」的說話技巧，如：「這個問題我也煩惱過」、「這東西我也用過，真的很不錯」，強調這是我們共同關心的事物。不以賣家、主管，以及雇主身分發言，而是以有相同需求和課題的過來人，形成認同感，降低警戒心。舉例而言，電視購物臺的節目主持人親自使用過後，再極力稱讚產品有多好，有助於提高購買率。

我在買車時也有類似經驗。業務看到我對哪一輛車有興趣時，會跟我說他曾經開過覺得不錯，常推薦身邊好友，使我產生更多信賴並買下了那輛車。

假設要發表節目企劃，進入正題之前，先提出自己是針對這項企劃的組員所背負的共同課題為發想，如此一來，無論是擔心組別發展的組長或組員都能產生更多的關心，聆聽接下來的內容。

「因應我們組最大課題是創新，趁現在目標年齡族群產生共鳴之際，我也思考了未曾考慮過的新穎文創有哪些。」

參雜「我們」兩個字還有另一個優點，「不針對自己，而是對方的利益著想」，更容易搭上話。在說服對方的階段之中，會不自覺想強調自己想要的事物，或容易犯以自我為中心說話的錯誤。

在「我們」的框架裡思考，則能避免這種失誤。

用故事開啟心房

我不會仔細看電視廣告，但偶爾會有幾個廣告，讓我印象深刻，而其中大部分都是內容有「故事」的廣告。

雖然三十秒的熱可可品牌「Mitte」廣告很快過去，卻在我心中留下溫暖的故事，促使我對該品牌的形象也跟著變好。現在一到冬天就會想到Mitte一系列與熱可可相關的故事廣告，彷彿一部簡短電視劇的Mitte廣告引人微笑，在超市發現該牌子的時候，我都會不自覺的打開錢包購買。

開場被稱作廣播節目之花也是同樣的道理，用故事打開人們的心房，再開始正式進入節目。

在那之後，長達一、兩個小時的時間裡，要能夠抓住聽眾的心，最大的要素就是那些與自己同樣普通的人們所留言的故事。因此，故事的力量自然有說服人的地方，一篇好故事比長篇大論的說明更深入人心。

「尼莫是住在大海裡的魚。但某一天，尼莫的家人們一個一個因病去世，因為牠們誤吃微塑料和吸管，尼莫就此成了孤單的中年魚。二〇五〇年，尼莫遇到新的危機。尼莫住的大海裡沒有魚朋友，只充滿奇怪的物體。尼莫游泳時，有不明物體悠悠的飄過牠身旁，那是我們在二〇二一年丟棄的吸管和塑膠。到了二〇五〇年仍然維持同一狀態，而且海裡的塑膠比魚還要多。」

我雖然平時不是很關心環境問題，但聽到這種包含故事的說明，更能感受到現在的環境汙染問題有多麼嚴重，比起直接聽到要減少塑膠吸管並為環境著想的話，感受大不同。這就是打動人心的故事力量。

如果你的主張與故事有關聯，可用於說服的場合。與狀況相符的自身故事能夠縮短與對方的情感距離，比起長篇大論的說明或數據更引人共鳴，若需要說服的對象看似冷酷漠不關心，那就用有趣的故事打動他的心吧。

07 怎麼拒絕，才能不傷對方自尊心

她的拒絕傷了我的自尊心。

在韓國國立國語院標準國語大辭典網站搜尋「拒絕」兩字，上述是第一個出現的例句。

講到拒絕，一般人會先想到傷自尊心、不舒服與抱歉，由此可見，拒絕與情感是很難分開的關係。隨拒絕的方法不同，有可能會讓往後的關係亮起紅燈。

韓國的社會風氣相較於「不」，更熟悉說「好」，因為說「不」需要更多的力氣與勇氣。但是，拒絕是締結健康關係的必要表達之一，不考慮自己的狀況，無條件答應他人的請求，很容易錯失自己重要的事情並失去重心。

我曾有相似的經驗。當我還是新進員工時，因為想要符合公司的期待，便接受各種大大小小的請託，結果沒有一件事能好好完成。經歷過那段困境後，我領悟到**適當拒絕才是專家級溝通能力**。

工作以外也一樣，「Yes 先生、小姐」不等同於「好人」。順應每一個請求、拜託，反而更容易疏忽自己該更專注的人事物。過自己想要生活的人大部分都很清楚知道選擇與專注很重要。

如果你曾經因為不敢拒絕而被某人牽著鼻子走，請練習如何在不傷及對方心情之下，委婉表達自己的意思。

根據請託種類不同，大致可分為三類：不得不拒絕或必須拒絕的請託、當下很難回覆的請託，以及絲毫無抱歉之意，轉嫁責任或偷偷丟包工作等不像請託的請託。

下面是根據各情況的三階段處理方法。

不得不拒絕的時候

第一階段：對狀況產生共鳴

比如金錢問題，如果擔心答應對方的請求可能會對關係造成負面影響，或對方提出有違你價值觀的提案，最好拒絕他。在物理或精神上，無法答應請求時也是一樣，越敏感的請託，越要在不傷害彼此情感之下委婉拒絕，因為對方也是煩惱許久才開口的。

這時，面對拜託你的那一方，先針對他的狀況表示同感比較好，如：

「事情變成這局面了啊。若要解決，真的需要一大筆錢。」

第二階段：表達理解立場

對狀況表示同感後，接下來要表達理解對方的立場，告訴對方你充分了解他不得已請託的理由。先表達你理解他後，即使最後拒絕他，也能防止不必要的情感動搖你。這個階段是先正面回應形成氛圍，接續才有辦法委婉說明拒絕原因。

「你打這通電話一定很不容易，我可以理解你的徬徨無助。」

第三階段：說明拒絕的理由

理解之後，下一步要說明你很想幫忙卻不得不拒絕的理由。這裡的重點是表達自己是拒絕對方的請託，非對方本人。此時說「抱歉」也有所幫助，表示自己感同身受，理解對方的狀況，但不能給予協助，覺得很抱歉。

「雖然我心裡很想幫你，但你也知道我是領死薪水的社畜，生活狀況就那樣。我沒有多餘的錢能夠借人，抱歉。」

當下難以回覆或答應的請託

第一階段：保留回答

有些請託會在草率答應後感到後悔，如：需要思考時間考慮的提案、想要拒絕但想不到適合回絕的請求。這時，你最好先保留回應，爭取考慮的時間，告訴對方你無法當下做決定，如此一來，請託的決定主導權回到了你手上。

這是一個選擇不讓自己被時間追著跑，不被對方影響，維持自己速度的必要階段。如果這時，你再提出何時能給予回覆的話，對方也不會遙遙無期的等待，可欣然答應。

- 「喔，這樣啊。給我一天思考一下！」
- 「我確認好提案內容後，兩天內給你回覆。」

第二階段：說出自己的價值觀與想法

有些請託不符合自我標準或生活模式，須拒絕。這情形下，要誠實說出自己的價值觀或想法使對方理解。每個人的喜好不同，委婉說明的話，能防止傷感情。

「其實，我對保管衣服很講究……其他都可以借你，唯獨借衣服我會有一點壓力。連家人要借也不准，所以我經常和弟弟妹妹吵架，真抱歉。」

第三階段：提出替代方案與約定下次

雖然有些請託無法讓步，但也有可以協助的地方，尤其是不得已要拒絕的時候，可以向對方提出另一個替代方案或約定下次。雖然是形式上提出，但比起果斷拒絕，對方仍然可以感受到你微小的體貼。

- 「雖然我沒辦法借你衣服，但項鍊或其他飾品，要多少都可以借你。」
- 「雖然這期無法一起參與，但下次提案仍有效的話，我會積極考慮合作。」

不像請託的請託

第一階段：確認請託內容

有些強求、推卸或不當要求會偽裝成請託。另外，有些人也會用無禮的語氣拜託他人，破壞他人心情。若答應這種請求，自己會變得委屈，而且做完以後也不會獲得稱讚。

因此，針對不像請託的請託，需要果斷、確實的拒絕方式。首先，需要確認截止期限或具體要求事項等內容，以利策劃適當的拒絕理由。

第二階段：具體說明狀況

確認請託內容後，接著具體說明拒絕的理由。此時的態度表現得親切又果斷，越有反駁的餘地，所以不須煩惱或過度親切，只要以委婉的口氣說明就可以了。當對方越把你的時間或才華視為理所當然，你越不需要在意拒絕他的後果。

「原來如此。我現在手邊的工作預計明天下午結束，所以這份文件無法依照您說的明天早上完成耶，無法騰出時間。」

第三階段：以「真可惜」代替「抱歉」做結尾

這與跟拜託敏感請託的人說「抱歉」非同一回事，面對不覺得抱歉或感謝的請求，最好以「真可惜」的形式表達，拉開彼此的情感距離。抱歉是發自內心從深處表達的情感；反之，沒有執行義務的人可以用真可惜來表達。換句話說，真可惜是一種禮貌上的表達方法。

「如果我能幫得上忙就好了，但我現在也處於困境，真可惜。」

假設**你特別不會拒絕別人，請先探討自己是因為哪一種心情而不敢拒絕**。如果是因為「好孩子情結」，想對外留下好人的形象而過度壓抑自己，請試著練習傾聽自己的情感，自問是哪一種心情，讓自己答應請託後還是痛苦？

08 內心顫抖也能裝沒事的應對技巧

我雖然透過廣播與 YouTube 等媒介，從事說話相關行業多年，但面對直播我還是會有一點緊張。因為它不同於錄影節目之處在於無法編輯，失誤會直接播送出去，且說話的同時，無法親眼確認聽眾的反應，也不能聽到聲音，必須一個人努力填空話與話之間的留白。

尤其是我突然從ＰＤ變成節目主持人的那個時期，這種壓迫感更為嚴重。我無法原諒自己在直播中出現一點點的差錯，致使我做節目時充滿負擔，根本無法心平氣和，但廣播節目就是要讓聽眾感到平靜才對啊！

而在監控另一個節目時，我因為聽到一位名主持人的失誤，想法突然轉變。我曾相信專業人士不會犯錯，但與我固有觀念不同，其他主持人也是會有說話失誤的時候。

這時我明白了一件事：豎起耳朵仔細聆聽之前，我根本不會聽到他們的失誤。這表示，聽眾不會仔細聽主持人說的內容是否對或錯，也不會藉此判斷主持人的功力與節目的選擇。

反而是主持人的聲音、語氣與傳達訊息的感覺等影響更大，所以我不需要害怕失誤，就算未能照著原稿讀，只要及時修正，自然帶過就可以了。

根據前述提及的**麥拉賓法則，與說話內容相關的語言性因素對聽者而言**，只**有七%的影響；相反的，視覺占五五%，聽覺占三八%，對於說者形象塑造占有壓倒性的比重**。

透過此法則，即可說明為什麼我在聽到其他主持人失誤時，仍然覺得他很會說話，不是因為他一句不差的唸出來，而是主持人的聲音語調、語氣等語言外部性因素對於形象塑造來說，扮演很重要的角色。

在多人面前說話的時候，如發表或面試這種場合，也要放下絕不能失誤、必須完美敘述的負擔。容貌、形象、聲音與語氣等語言外部性因素，影響聽者產生好感度的比例占九三%。因此，與其為了不要說話失誤而支支吾吾，不如學習對聽者影響最大的非語言性技巧。

下面介紹幾個即使顫抖也能像沒事般的非語言性技巧。技巧很簡單，卻在驚慌失措或緊張時，對鎮定心境很有幫助。

視線固定，顫抖也會平靜

你曾遇過說話者直視著你，讓你不自覺感到壓迫的經驗嗎？演講時，視線處理非常重要，即便緊張，只要視線固定安穩，對方也不會發現自己正在發抖。如果你的演講經驗不多，在觀眾變多的情況下，自然會緊張起來，導致你不知道視線該往哪裡看，感到非常徬徨。

你可能會一直盯著同一個人看，或很認真到處轉移視線，又或者放空說話。視線焦躁不安的話，會顫抖得更嚴重，也會把說者的緊張感原封不動傳給聽眾。那就試著利用鎖定視線提高演講效果吧。

首先，說話的時候，將眼前的空間分為左邊、右邊和中間，根據規模大小可以再細分為五個空間，其中，大約五秒直視某一空間的聽眾，視線再緩緩移到下一個空間。

如果過度集中看某一個人，不僅那個人會感到負擔，其他聽眾的集中力也會下降。因此，在**適當的時機點移動視線，是與聽眾互動的溝通方法**。

另外，**還有一個可以戰勝顫抖情況的訣竅，即特別注意認真傾聽、反應不錯的聽眾**。因為說話時，會下意識的受對方的反應影響，若在說話期間看到冷酷的表情，可能會加重內心的不安感。反之，看到點頭反應好的聽眾，發抖的心情漸漸安定下來，並產生自信心。

不過，一直看同一個人會產生負擔，切記要適當轉換視線才行。

慢慢的、大聲說

雖然言語是顯露情感的窗口，但反過來說，情感會隨著怎麼說話而反應。這跟微笑會讓心情變好是同一個道理。**說話速度變快，呼吸也會變得急促**，而且說**話速度變快，發音不準犯錯的機率也會提高，聽者也會變得不安**。

因此，**越是顫抖的情形，越要有意識的慢慢說話**。如果感覺到自己漸漸說話變快，請踩剎車，降低說話速度之後，即可找回脈搏原本該有的速度。

如果發現發抖時，說話速度與脈搏變快，深呼吸是很有效的方法。假設在企劃會議中，翻頁的時候，可以將麥克風拿遠一點，做一次深呼吸。大口吸氣後，慢慢吐氣，緊張僵硬的身體也會稍微放鬆，在這個狀態下降低速度，照平常狀態說話就可以了。

雖然緊張，但慢慢呼吸說話的人，會比說話速度快的人看起來更不緊張。

最後，若是緊張，也可以試著打開肩膀，挺直腰桿大聲說話。越是緊張，越要表現出正氣凜然的態度。

「自證預言」（self-fulfilling prophecy）[14]是一個心理學用語，意指自己在現實中實現預言與期望的事情。換句話說，就是「**裝作那樣的話，就能變成那樣**」。**越發抖，越要裝作不是那樣，並且展現更有自信的態度與聲音，往正面的**

方向騙聽眾與自己。

態度的力量，比你想像的還龐大。現在暫時闔上書本，打開肩膀挺著坐好。有沒有感覺到不同於彎腰駝背時的活力？

14 是某人預測或期待某事的社會心理現象，而這種預測或期望之所以成真，只是因為該人相信或預期它會發生，並且該人由此產生的行為與實現該信念一致。

09 萬一還是緊張?大喊「我好興奮」

聽完關於調節呼吸速度的功用後，產生一個很有趣的現象，那就是會開始在意原本自然的呼吸。你現在有沒有覺得特別在意吸氣和吐氣?在廣告心理學上，此現象稱作「知覺選擇性」[15]，指即使接觸到同一資訊，每個人會根據自己的需求或關心程度，各專注在不同的地方，因為消化資訊的容量與時間有限。

若將這種知覺特性運用在演講，原本顫抖的內心就能夠稍微鎮定下來，換句話說，就是利用有利於靜下心的感知轉移注意力，不讓身體感受到什麼或該怎麼行動，而是以靠意志控制感知，克服顫抖。

試著使用前述介紹的方法，累積一定程度的發表經驗後，仍然無法消退緊張感，那就改用下面三種方法。

大喊「好興奮！」代替「好緊張！」

只要站在眾多人群面前，心臟就撲通撲通跳嗎？以下介紹一個實驗幫助你克服緊張狀況。

哈佛大學經營研究所的艾莉森．伍德．布魯克斯（Alison Wood Brooks）教授，針對焦躁進行相關實驗。她將大學生分為兩個團體，並要求他們唱歌，此時，她使用程式偵測音量、音感與節奏，推測哪一團唱得更好。

重點是兩個團體在唱歌前喊的口號，一組是「好緊張！」另一組是「好興奮！」推測的結果很驚人，喊「好緊張」的那一組準確度是五三％，相對另一個喊「好興奮」的組別，他們的準確度則高達八〇％。

透過實驗，我們發現情感認知積極，相對於不積極，出現正面結果的機率較高。假設處於面試或企劃提案的緊張情形下，以「好興奮」、「好期待」有利於

15 人對同時作用於感覺器官的各種刺激並不會都發生反應，而只選擇其中的少數刺激作進一步加工的能力。

發表的情感代替「好緊張」或「好怕」等否定情感，更有可能透過說話獲得想要的結果，而此現象稱作「情緒命名」（affect labeling）。

命名為正向情緒後，再遵循知覺選擇性，更能專注於正面情感代替負面情感。

- 「我一想到要去參加很想進入的公司面試，就覺得激昂，心臟跳好快。」
- 「果然站在眾人面前很興奮，看樣子我應該是關種[16]。」

轉換並專注於新的思考模式後，站在眾人面前，比起害怕，更能感受到激動與興奮。雖然身體的自然反應不好控制，但把湧現的情感換作另一個名稱，是一件輕鬆可做得到的事。

如果你常因為站在眾人面前感到緊張，而發生失誤或未能好好發揮自己才能的話，在開始說話之前，請自行重複說一遍：

「今天也一樣很興奮，看樣子會有好結果。」

專注內容而非人

除非是善辯家，若太在意各個聽眾的反應，必然會失去自己原有的速度。如果反應好，那很萬幸，但如果看到冷漠的反應，更容易失去自己的速度。

有時，剛開始發言很平靜，但因為聽眾的反應突然心跳加快，這時會開始尋找自己的問題點，注意力也變得散漫，思考「我說的話太無聊？還是沒有說服力？」之際，便已離一場有自信且投入感十足的演講更遠了。

說者若不能專注於自己說的話，聽者很快就會發現，就像不是每個人都會喜歡你，絕對不會有一場滿足所有人的演講。如同我的頻道，以相較刺激少的主題傳達溝通、自我開發與人際關係，但仍有一定比例的人按「不喜歡」。

連美麗的自然風景影片、寵物或小朋友的影片都會有人按「不喜歡」，所以我只要專注在喜歡我演講和我能夠說服的人，把我所擅長的東西傳遞給他們。同

16 韓國流行語，係指喜歡受到他人關注的人。另外衍生的貶義為「用各種方法博取關注的人」。

樣的，面對眼前的面試官或聽眾，他反應冷漠的原因，很有可能只是因為昨晚睡不夠，或是想要去上洗手間，每個人都存在著各種理由與變數。

與其想要滿足每一個人，不如記得聽眾負面的反應是理所當然存在的。藉此，我們就能脫離在意負面反應的情感。

我最常使用的方法是，**看到冷漠表情的觀眾就移開視線，專注於發表的「內容」**。努力說明自己準備的創新與跨世代提案、具有說服力的內容，或是專注在重要的關鍵字上。

假設是企劃提案，**可以稍微把視線從聽眾身上移開，轉移到自己準備的PPT資料畫面與照片**。轉移視線並專注於內容，即可防範自己的注意力因聽眾變得散漫的問題。

內心平靜下來後，再跟聽眾交流會比較好。如前述介紹的麥拉賓法則，人們受到語言外部性因素的影響更大，雖然視線撤離觀眾會讓他們感覺無聊、生硬、沒有交流，但它能夠幫助你在注意力變得散漫或顫抖時，找回屬於自己的步調。

如果還是發抖，誠實以告

動員所有方法還是無法安定下來，那只好用最後一種方法，在發表途中，告訴大家自己在發抖。沒有人是完美的，有一點瑕疵更有魅力，況且，站在眾人面前的緊張感，是誰都有過相同經驗。因此，發表者誠實以告，聽眾產生共鳴，反而會更輕鬆聽你說話，偶爾誠實是最棒的武器。

我也使用過這種方法。製作節目的時候，我曾擔任出題者的角色，以節省經費。某天，我從就學時期就很喜歡的明星們來上節目，我當下的心跳聲大到可以透過麥克風傳遞，因此，我誠實以告，自己從很久以前就是他們的粉絲，非常榮幸能一起合作後，再開始錄製節目。

神奇的是，在我誠實以告後，漸漸沒有那麼抖了，對方笑著回答問題，氣氛也變得很緩和許多，這也帶來另一種效果，藉由說出自己「很緊張」降低對自己說話的期待感，反而變安定了，只會說得更好，不會再更糟。

若想將誠實以告的效果放到最大，又不降低自己的信賴度，在面試時，可以說：**「我有一點緊張，但我會盡力克服緊張，展現我的真誠。」**

像當時在節目開拍之前，我說：「看到從就學時期就喜歡的各位，我非常緊張。但是現在接下來的提問內容，可能是各位要緊張了。」透過這般機智的臺詞，成為誠實又有魅力的人，吸引聽者。

跨越發抖的聲音，利用機智的魅力吸引人的方法，我推薦給常在眾人面前顫抖的你。

10 話題很艱澀？用譬喻、講數字

專業的說明越長，聽眾會越覺得無聊。聽到充滿專業用語和數據的講座或報告，集中力再好的人都容易變得散漫。站在說話者的立場也是很無聊，看到聽眾枯燥乏味的表情，說話的趣味也會消失，促使自信心漸漸消逝，最後隨著時間越長，就越沒有活力。

經常要講述專業知識內容的工作，很容易會跟聽眾交流失敗，因為那是自己熟悉且非常了解的領域，所以容易忽略對方並沒有具有同樣基礎知識，這就是專家的講座不親近於一般人的原因。

而且說話和文字不同，具有即時性的特點。接受者無法暫停思考，或不能重新再讀一遍，除非是影像講座，不然大部分說出口的話，在接受者積極踩剎車之前，都會隨之流去。

考慮說話的特性後，**艱澀難懂的素材及專業領域的演講最重要的是，事前結構。需要適當調節說話的強弱，以及加入解說與譬喻，抓住聽眾的注意力**。企劃廣播節目與創新，主要煩惱如何以大部分的人都能理解的說話方式，打造符合聽眾胃口的有趣內容。

在製作與執行節目，以及發表各種提案的過程中，我學到幾項技巧，以下介紹給大家。

一個好的譬喻勝過十個說明

作為一個聽廣播長大的廣播兒童，我認為音樂節目DJ需具備一項能力，即介紹大家不太知曉的歌曲時，能夠說明到讓大家更仔細聆聽的技巧。無線電視臺節目不能只照抄腳本，也有義務要介紹陌生的好歌，提供聽眾新的資訊。

但人們的耳朵不像眼睛，年紀越大越偏愛熟悉的聲音。因此，DJ介紹陌生歌曲時，越需要讓聽眾覺得有趣。在沒有說明之下播放的歌曲雖然也很新穎，但加上ＤＪ的解讀再播放的歌曲，會更令人想傾聽與帶來感動。就如在西餐廳吃高級料理時，在主廚說明後，可以品嚐到更深層的風味一樣。

「我想這麼稱呼這位，吉他手界的愛迪生！他彈吉他的聲音，宛如發明一個新事物，相當新穎。吉他弦怎麼可能出現這種聲音？這帶給聽眾一個非常驚豔神奇的體驗。」

介紹生疏的歌手與大家很有可能第一次聽到的歌曲時，最好的方法之一是「譬喻」，如上例句使用了「他是吉他手界愛迪生」的隱喻。像這樣子，帶入大家都認識的愛迪生，來說明這位大家生疏的歌手音樂風格，聽眾比起在無事前資訊的狀態下接觸音樂，更能感受到趣味。

若必須向聽眾說明一個陌生或困難無聊的主題，請使用符合聽者水準的譬喻。同樣的譬喻，根據世代、國家等範疇的文化圈不同，親切感程度與理解力必然不同。

換言之，象徵Z世代與X世代的標誌也不一樣，因此，必須選擇目標族群熟悉的題材作為譬喻，才能幫助理解與提高興緻。好好利用一個譬喻，勝過十個說明，這是一個具有經濟效應與效果的技巧。

用數字提高說話的信賴度

數字跟難處理的高級料理食材一樣，若救活食材的風味，可以成為大家極力稱讚的超高級料理，但若處理不好，則變成味道難以理解的料理。同等道理，內容裡的數字比重過多，會令人感覺無聊、冷冰冰；反之，適當使用數字可以提高信賴度。

製作一道優秀的料理時，適量的食材很重要，同樣的，適時加入數字替說話內容添加風味，且大家可以輕鬆理解才是重點。

首先，**為什麼大家會覺得數字很難？最大的原因是我們無法實際「感受」數**

字，若聽者感受不到為什麼數值大或有何意義，很難產生共鳴，導致氣氛冷淡。

若想要讓聽者覺得平易近人，並能明確傳達意圖，需要一個能夠讓大家可以理解數字的標準。數值越大，越不能只提出絕對值，要以簡單理解的比例說明。**更換標示數字的單位也是幫助理解的好方法。數字越小，一般人越能理解。**

「這款牙膏每五秒就賣出一條！」

大家都有看過類似的廣告文句。但假設像下列方式宣傳牙膏銷售數量，大家的反應如何？

「五年間賣出三千萬條以上的牙膏！」

一般人看到這個龐大的數字很難立馬理解，所以一年間賣多少？一天又賣多少？需要計算。如果廣告想要強調「狂賣的牙膏」，即使數字一樣，不以五年或一年，改以秒為單位出示更有效果。相較「五年賣出三千萬條」，「每五秒賣出一條」的表現手法更具有直觀性。

「YouTube 頻道觀看次數達三百萬紀錄的影片中，有六〇%的觀眾是韓國國內二十歲的人。以二〇二〇年為基準，韓國二十歲的人口數為六百八十萬，因此，每三．七名二十歲年輕人之中，就有一位觀看這部影片。」

對於沒有在關心 YouTube 的人而言，勢必對觀看次數三百萬這數字很茫然。並且每個人基準不同，有些人會覺得多，有些人則覺得少。因此，知道影片觀看比重最高的族群是二十歲的人，並得知在族群人口中占百分之幾，以「每幾名中有一名」的方式說明，可以更有效率的活用數字。

越是艱澀難懂的題材，越能顯出會說話的人的真價值。回想學生時期，一定會有一、兩位老師可以把艱澀難懂的課程以有趣的方式講解。希望需要向他人進行專業說明或錯綜複雜發表工作的你，讀完此篇後，可以成為很會說話的人。

第 4 章

換個方法說，別人覺得你有魅力

我們真的，太常說「真的」、「非常」。
減少習慣性使用的副詞，增加表達的具體性。
同樣的，稍微提高語言的溫度吧。

01 怎麼向初次見面的人表達關心？

初次見面，大家難免會尷尬，這時說的每一句話不只是為了延續對話氣氛，也是決定是否繼續這段關係的關鍵。有一些對象是你越聊越有趣，心越平定；也有些人是初次印象不錯，但後來越來越反感。

尤其是因年紀或職位關係，造成心理上需要主導對話的壓迫感，更需要煩惱該如何說話，但如果為了打破僵局，隨意亂說話，很容易犯錯。

我是在某一電視臺實習時，學到如何初次見面說話不尷尬。當時我協助一個音樂秀節目，那個節目ＰＤ在開拍前，對演出團隊說的話是我後來擔任ＰＤ時，對待表演嘉賓的範本。

他自然而然的走向坐在沙發上的演出者，屈膝而坐然後注視演出者，對他們打招呼，並說：

「我聽了你這次的專輯，真不錯。」

該名PD自然的延續對話，雖然語氣平淡，但其中含有他真心的稱讚與視角平等的對話態度，可以感受得到他對演出者的體貼。而且，「這次的專輯」這句話也自然表示出，他從以前就有關注這位演出者，聽到此話的演出者在開拍後，唱歌表情變得更加沉穩。

我自己成為PD後，每週製作節目都會遇見新的演出者，為了在初次見面的場合中，能以很好的氣氛引導對話，我沿用從那位PD身上學到的兩個概念：與演出者四目交接、體貼對方，以及表現出特別關心的話。

以下介紹三個祕訣，教大家如何表達關心。

具備充滿愛意的好奇心

要怎麼向初次見面的人表示出特別的關心？首先，是對另一方保有特別的關心，但該怎麼做才叫保有特別的關心？你一定覺得很茫然，這時，**你需要一顆對他感到好奇的心**，即「充滿愛意」的好奇心，**就像你對喜歡的明星想要了解更多一樣**。

假設你在讀書會上第一次遇到他，你可以抱持這樣的好奇心：「這個人為什麼開始出現在讀書會裡？」、「他讀過哪一本書最印象深刻？」、「他住在這附近嗎？還是遠道而來？」等。

假設他是相親對象，你可能會好奇他最近的興趣是什麼？今天見面之前都做了什麼？昨天做了什麼？最近的生活如何？不需要太龐大，只需要保有一顆好奇心，想想他的日常生活以延續話題。

抱持對他的好奇心開啟對話後，最大的好處是可能傾聽對方說的話，因為你想要更集中注意力聽他說你好奇的故事，比起不帶任何問號的對話，你能以高度的集中力與對方談話，讓彼此的內心能更靠近一點。

這樣的對話態度也會向對方產生正面的影響，面對一個認真傾聽自己說話並持有特別關心的人，他打開心房的機率自然也會提高。

尤其是口才不好，不擅長主導對話的人，我推薦使用這個方法，想要來一段好的對話，交流是必備的元素，而交流從認真聆聽對方說話開始。

提出對方想聽的問題

下面兩個提問中，你更想回答哪一個？

- 「您父親從事什麼工作？」
- 「最近你有看哪一部電視劇？很有趣嗎？」

有時候為了舒緩氣氛，毫無惡意提出的問題有可能造成對方不舒服，但也有一些提問能讓對方侃侃而談。差異在於，該提問是否為他想要聊、或關於他喜愛事物的提問。

人們喜歡訴說關於自己關心和擅長的領域，假設是一個喜歡在週末找美食餐廳的對象，當你提出關於美食餐廳的問題時，他會非常熱情的回答。像是有人要我推薦音樂時，我的內心就會開始澎湃。如果想與聊天對象製造一個和樂融融的氣氛，請提出對方想回答的問題。

提問也是對他表示具體關心與體貼的方法。但，如果問錯問題，很有可能搞砸氣氛，例如：兩人是才剛認識的關係，詢問父母職業會給人感覺在身家調查。連對方的背景都沒有弄清楚，就提出的問題也是一樣的，譬如商業關係。對方可能產生「連這程度的關心都沒有，如何交易」的失望。

在初次見面的場合提出令人有好感的提問，這樣的人就是一位很好的訪問者。一位有能力的訪問者，不會對赴韓的好萊塢明星問「有沒有吃過辛奇」[17]，或「有沒有到韓國哪裡玩」等枯燥無味的問題。

提問關於對方的生活哲學及過去以來的作品，才能讓對方講述自己平時未能說出的內心故事，因為對方感動，自然而然會說出內心話，真心回答訪談。

想要在初次見面時，提出打動人心的問題，一定要在訪談前，蒐集對方相關資訊，努力研讀，見面之前徹底調查，具備相關背景知識後，理解、靠近對方，**才能提出好的問題**。

真正了解對方，才能對他提出更深一層的提問。

不稱讚外貌

稱讚是向對方表示關切並融化冷氣氛的好方法，好比你對相親對象有好感，你會想要說出善意的稱讚，可是要注意，稱讚錯了，則會產生反效果。尤其是普通的評論或聽太多次的稱讚，給人一種「我不過是這種人」的感覺。

或者，為了讓對方產生好感，刻意阿諛奉承的稱讚也會感覺很假，反而懷疑

17 韓國泡菜已於二〇二一年七月正名為辛奇。

你的真情。那該怎麼稱讚才能傳達善意及提高好感度？下面是一個成功男子告訴我們的故事。

電影《殉情記》（*Romeo and Juliet*）中飾演茱麗葉，被稱作世紀美女的演員奧莉薇亞．荷西（Olivia Hussey）在某次訪談中，被問到她跟丈夫結婚的理由，而她搞怪的向訪問者反問她的眼球顏色，訪問者回答不出來時，她又說：

「他是唯一能夠回答我這個問題的人。當所有男人都在看我的胸部時，只有他看我的眼。」

一個好的稱讚就像看到奧莉薇亞的眼球顏色一樣，說出別人未看見的優點，這個稱讚就越特別。想要給予特別的稱讚，必須先吞回顯而易見的稱讚。

假設對方外貌清秀，第一眼當然會先看到她的外貌，但你要拋開提及到外貌的稱讚，從對話中得知的資訊，即有關對方努力的成果或不同於人的信念，藉以稱讚。

想要留下一個令對方記憶深刻的稱讚，最好避開對方很常聽到的稱讚。這時，最好的方法是排除第一眼先看到的部分，稱讚第二或第三個想到的優點。如果對方以很會穿搭聞名，請不要稱讚第一眼看到的時尚感，而是要稱讚相對比較少人誇獎的正直態度，更令人記憶深刻。

02 太輕易就說出口的稱讚容易散

「眼睛看不見最重要的事物。」

這是安東尼．聖修伯里（Antoine de Saint-Exupéry）的小說《小王子》（*The Little Prince*）中的著名臺詞，我真心認為這句話是好稱讚的標準，因為我們無法輕易說出最重要的、眼睛看不見的事物。

如果想要稱讚他人平常不會注意之處，需要對他有相當的關心與尊重，這般努力表示對於這個稱讚蘊藏真心與溫度，相反的，有一些稱讚稍微冷冰冰的，雖然被稱讚的人會努力理解你的意圖是好的，可是會拉開心的距離。

這種稱讚大部分都與不特別關心也顯而易見的事物相關，太容易說的話，也很容易散開。

當然比起吝嗇於稱讚，即使是輕鬆的小小讚美也要付諸感情在語氣或表情上，盡可能傳達善意。不過，傳達善意的方式與稱讚意圖同樣重要，因為如果對方不覺得是讚賞，這句稱讚的生命力則會消失。

以下介紹如何不讓聽者感到假惺惺或反感，並能觸動人心的稱讚技巧。

稱讚努力，非結果

如果**想要蘊藏真心傳達善意，有溫度的表達，最好的方法是稱讚對方的努力與過程而非結果**。讚賞顯而易見的成果、卓越的外貌與天生的才能，即使對他沒有關心也能輕易說出口；反之，對於過程與努力的稱讚必須對他有所關心，以及了解他。

這種蘊藏關心與愛意的稱讚會流露出溫暖，因此，對方也能感受到自己備受理解，以及你對他的真心。

發現肉眼看不見的努力或過程並稱讚，還有一個優點，那就是耗費時間與精力說出的這番話，更能凸顯這番好意圖。真誠的一句話會使聽者更加開心。

✗「哇，又拿第一名了！你果然很聰明。」

✓「哇，又拿第一名了！連困難題目都不放棄，最後成功解題，真厲害。」

感受到上面兩句稱讚的差異了嗎？通常得第一名，都會聽到「頭腦真好」、「真聰明」的稱讚，但人們都忽略一個事實：並非頭腦好才學習好。這是因為人們把得到卓越成績之前的努力，全歸因於天生的才能，也順便合理化自己做不到。所以我們要拋棄說這種話，真正的承認對方的努力，就能打從內心說出一個好稱讚。

上述第一個例句的稱讚，可以解釋為因為頭腦好所以得第一名，聽起來感覺少了對方的努力。針對結果說出的稱讚很容易犯下這種錯誤，所以這時要拋開結果，專注於稱讚對方贏得第一名前的「過程」。如同上述第二個例句，認可對方不放棄的韌性。

以努力代替顯而易見的卓越外貌或才能的稱讚，還有另一種正面效果，即稱讚的期待效果。大家聽到稱讚都會產生一種要更加努力的心理，我們可以透過「畢馬龍效應」（Pygmalion effect）[18]解釋，他人的積極期待與關心對個人產生好影響的現象。

針對努力改變的部分所給予的稱讚，可成為個人成長的催化劑，假設希望給對方勇氣與力量，請窺探對方內在的一面，如體貼、熱情、品格、韌性等。

不讓人覺得是評論的稱讚

有時，稱讚會聽起來像是評論。雖然知道對方稱讚的意圖，但聽起來很像被人評論，心情不甚愉快，尤其是每個人解讀不同的敏感語句，要小心為妙。

18 指人在被賦予更高期望以後，會表現得更好的一種現象。

舉例來說，「瘦了」這句話雖然對減重成功者而言，它是稱讚，但對苦於吃不胖體質的人來說，變成不想聽到的評論。

想避免稱讚被視作評論，其方法是話中蘊藏「感謝」與「尊敬」。對他的感謝與尊敬努力都是無評論稱讚的出發點。**想要稱讚他人時，先想一想你對他產生感謝或尊敬的理由**。總而言之，加上「所以我很感謝你，覺得你很厲害」便能結出稱讚的真正果實。

✗「你對他人體貼的心很棒。」

✓「多虧你的體貼，我安定了許多，謝謝。」

即使稱讚對方內在的一面或努力，還是無法抹去評論的感覺，那就在你想要稱讚對方優點的時候，參雜「感謝」、「尊敬」的心意。如：不以第一個例句「很棒」的評論方式，改以第二個例句表達「感謝」，稱讚對方的努力之外，同時也能傳達自己的心意。

我很喜歡稱讚人「很厲害」，雖然這樣的表達是指外在的氛圍，但也能顯現出，我對他倚靠能力或努力取得的成就感到尊敬，具有認同對方與抬高地位的意涵。因此，此方法也能使用在稱讚年長者。

若你想稱讚他人，請試著存有尊敬之心，以「我想學習」、「很厲害」的方式表達，如：「我也想要學習你總是先體貼對方的模樣」、「我很尊敬你總是先體貼對方的模樣，很厲害」。

03 被人稱讚了，不用謙虛，說「謝謝」就好

大部分的人聽到稱讚時會不自在，在謙虛是美德的社會風氣下，也擔心會被看成傲慢，所以會不自覺的說：「沒這回事。」

我剛出社會時，聽到稱讚也會反射性的說：「沒這回事。」但有一次，我聽到有人說，在別人稱讚時這樣回答，會被認為是在拒絕對方的稱讚。「沒這回事」這樣的回答雖然是表示謙虛與害羞，但根據對象的不同，聽起來感覺不一樣。事後，我重新思考回應稱讚的方式。

稱讚使我害羞，因為在我心靈角落裡隱約期望被稱讚。

以上是亞洲最初諾貝爾文學獎授獎人兼印度作家，羅賓德拉納特・泰戈爾（Robíndronath Thakur）的名言。

正如他所說，稱讚使他害羞的原因也許是他期望聽到某句話，因為被人發現他渴望被人認同、稱讚的心情，故而喚起強烈的負面表達藉以掩飾那份害羞。其實「沒這回事」是對想聽那句話的自己說的。

以「感謝」代替「沒這回事」

雖然每個人回答的理由不同，但我們需要一個愉快接受稱讚的回應。對方在稱讚你時，基本上都是懷抱好意的，你若回答「沒這回事」，很有可能是在拒絕對方的好意。

這時，以「感謝」來回應對方的好意，即可不尷尬的延續話題。

「你的聲音怎麼這麼好聽？是我聽過的聲音中最溫暖、柔和的語調。」

「謝謝。那我以後要好好照顧喉嚨了，哈哈。」

感謝語不僅接受對方的稱讚，也能自然回饋對方這份好意，特別在話前加上「（感謝）你這麼說」等積極的回應，感覺更謙虛。因突如其來的稱讚感到害羞，或是第一次聽到他人稱讚自己也不知道的優點不知如何反應時，感謝對方這麼想，轉動對話的軸心，有助於脫離尷尬。

「崔代理，妳今天的提案讓人印象深刻。發表準備得很好喔！」

「謝謝你這麼說。往後我會更努力做的。」

如果想以感謝防止對話尷尬的結束，增加「往後會……」這句話也不錯，還能自然延續後面的話題。

提高對方地位的回答：「多虧了你」

有一句話說：「豬的眼裡只有豬，佛主的眼裡只有佛主。」我認為懂得他人優點並表達出來的人，有著不同常人的能力。再珍貴的寶石對於不懂它真假的人來說，不過是一塊石頭。

假如你想不到接受稱讚的回答，想想這一點：「只要想到稱讚的人也有接受稱讚的資格」，就能回答如下：

①
「妳工作真的做得很好，妳怎麼可以把每一件事都做得這麼好？」
「這都是多虧經理你教的好。」

②
「我每次看到都很驚訝，你怎麼可以穿得這麼有品味？」

「你知道嗎？聽說有品味的人眼裡只有有品味的人。」

如第一個範例，積極的將自己的能力轉換成對方的功勞，不僅是自己，也提高了雙方的地位，互相接受好意。**運用「多虧你」這三個字是稱讚對方看見自己優點的能力，不管是說話者或接受者都能心情愉悅的聊天。**

①

「從以前我就感覺和你聊天都會心情變好。」

「謝謝，不過我才覺得跟你聊天能獲得積極的能量！」

②

「你煮的菜每次都很讚！」

「謝謝，你的料理也都很美味。」

若想更積極的表達好意，直接套用對方的稱讚回禮也是不錯的方法。如果覺得一個人接受稱讚很害羞，那就把這份害羞還給對方，將對方稱讚的內容以同樣的方式回應，對方也能輕鬆接受你的好意。

以玩笑接受好意

如上述所說，說出或聽到一個稱讚不容易，但儘管表達生疏，也能透過對方的語氣、聲音語調等，感受到對方稱讚裡蘊藏的好意。

這裡再介紹一個，不會因稱讚的好意感到尷尬又能愉快接受的最佳方法，那就是以更高一層樓的玩笑回應。

①

「我沒看過像前輩你這樣有能力又溫暖的人！」

「等等有想吃什麼嗎？你都說說看！我請客。」

②

「PD你昨天公開的影片，是我今年看過最有趣的一部。」

「天啊！你剛說的話，能不能在二十分鐘後再說一遍？等其他人都上班後，大聲說得讓大家都能聽到。」

聽到稱讚時，參雜令人心情好又機智的玩笑回應，自然能營造出和樂融融的氣氛。當然，有些人會覺得不好開這種玩笑，不過只要準備好幾個符合自己個性和語氣的「節目單」，稱讚也能自然變得愉快。

某一位演員曾對我說的話，至今我仍印象深刻。一邊工作，我跟那位演員高興的打招呼：

「哇，我是您的超級粉絲。能和您一起工作，真是我的榮耀。」

然而，那位演員大聲笑著回答：「妳知道這個嗎？一般都是美麗的人喜歡我，哈哈哈。」

該演員故意以陰險的表情和油膩的語氣回應我，當下成了一片笑海，我仍然記憶猶新。

我上傳到YouTube的「稱讚回應法」影片點擊次數超過百萬了，這代表韓國文化圈裡，有許多人都在煩惱如何應對稱讚。為了讓社交生活更順遂，並提高自我價值，我們不須過度自滿或謙虛的回答，而是要以感謝的心接受對方好意，並重新吐出溫暖的言語。

從現在開始，練習把說「沒這回事」的習慣改成說「感謝」吧！

04 副詞很好用，但多數人濫用

我在監控廣播節目時，有些明星特別令我覺得很有魅力。一邊剪輯節目，一邊聽他們說故事的期間，我陷入他們前所未見的魅力裡，甚至產生了「早知道應該要跟他們拍張照」的想法。

每次藝人們都早早離開錄音室，我也因要掌控現場狀況，沒有閒情逸致去要簽名，真是懊悔。但也因為這份遺憾，我才能更認真的聽他們說的一字一句。以聲音作為媒介的優點是不會受視覺阻礙，能完全從對方說的話中，感受這個人的溫度，這跟看電視不一樣，能更加專注於這個人的內心層面，像是表達方式、如何思考。

也多虧了廣播媒體的特性，我才能發現藝人在華麗外表下，那富有人味的魅力與真誠。他們之所以能令人著迷與感受到其魅力，有幾個共同點。

減少使用副詞

廣播節目經常出現的情節中，主持人的能力變得特別重要，像是歌曲介紹環節，以及回覆聽眾傳來的留言等。

介紹歌曲的時候，以對歌曲的了解作為基礎，創造聽眾會想要聽這首歌的具體生動表達很重要。像是聽眾申請的歌曲或PD的選歌，主持人可能不了解那首歌，因此也要另外準備相關的介紹詞。

另一方面，回覆聽眾傳來的留言，是DJ主要的工作，這時，主持人要毫無保留展現出自己的真誠與共感能力。

「〇〇先生／小姐，您現在處於最燦爛年輕的時期，但您可能感受不到。不過，只要好好堅持下去，總有一天會綻放光彩。我也經歷過那樣的時期，所以我才能與各位相見。」

主持人以這種方式真心的回答了聽眾，不僅真心給了年紀小的粉絲建言，也為經歷過此事的上班族生活帶來溫暖的安慰。這不是異想天開的積極或官腔的安慰，而是真誠的回答，令人頻頻點頭。

不過，**若想藉由真心誠意的表達來擄獲人心，必須先減掉副詞。**

副詞是一個經濟實惠的表達方式，像是「非常」、「最」、「很」、「完全」等可以將複雜的情感、數據或想法減縮成一個詞彙輕鬆表達，但就是因為它簡單又快速，大家在日常生活中經常濫用。

如果你想要以不明顯的表達方式，讓大家感受到你的魅力，首先要減少使用副詞。若以其他表達方式代替副詞，平凡的一句話裡能產生獨特的自我個性，譬如在「太好了」這句話裡，創造屬於自己的語言替代「太」這個字。

當你想要陳述某件事，越不容易開口，代表你對副詞的依賴度越高。檢測自己平常最愛用的代表性副詞，並在一般說話習慣中減少使用，是創造自己說話獨特風格的必須過程。

習慣性使用的代表性副詞

我在剪輯廣播節目時，發現演出者經常使用的副詞是「非常」、「真的」，尤其在表達對某件事物的情感時，經常出現。

「昨天看的電視劇，非常有趣。」

「是嗎？我真的覺得很無聊。」

「非常」和「真的」這類具有強調效果的副詞，其問題在於，它促使表達變得單一，尤其在表達一些常見的形容詞、動詞時，使用這類的副詞會放大情感，造成表達單調。

然而，為了防止表述單調又會使用更多的副詞，導致惡性循環，阻礙人們思考更多元的表達空間。因為它具有強調效果，所以大致可以傳達自己的情感到哪一種程度，但容易讓人脫離有生命力與魅力的表達方式。

作為聽者，雖然可以猜測出情感程度，卻無法產生共鳴。

「下一首要介紹的歌曲，是我非常非常喜歡的歌。」

➜「下一首要介紹的歌曲，是我喜歡到每次聽都會心臟撲通撲通跳的歌。」

「話說，稍前面試的那位，我在跟他談話的過程中，感覺他真的會把工作做得很好。」

➜「話說，稍前面試的那位，我在跟他談話的過程中感覺很平靜，又給人很有氣魄的印象，我覺得他應該能把工作做好。」

「前不久，發生了一件令人心情好的事情。」

➜「前不久，發生了一件令人心情好的事情，現在回想起來，我嘴角仍不自覺上揚。」

你比較想聽哪一位DJ介紹的歌曲？哪一位面試官闡述的面試者形象更具體又有說服力？日常對話也一樣，跟越聊越覺得有魅力的人說話，你會對接下來的內容產生好奇心。

透過幾個技巧與練習，你也能創造在千句萬話中抓住人心，及屬於自己的表達方式。如果已經慣用「非常」或「真的」等副詞，那就在下一次的話裡充分解釋這個副詞的程度。這樣，聽者能夠產生同感，並感受到生動有魅力的談話。

05 同樣的情感，動詞表達更生動

領悟到自我極限後，我便開始深究有關魅力語言的表達法。因應廣播收益結構惡化、製作費減少，以及聽眾率低迷，我不得不兼併節目演出與主持。

聽了某人說的話，我從剪輯與出演者變成主持人，而當立場改變後，我發現困難點比想像中的多。雖然我曾認為只要發自內心說出來就可以了，但我說的話卻無法涵括我感受到的所有情感。

而且，我發現更大、更根本的問題，即表達的極限。誰都會說的官腔話，不足在以聲音為媒介的廣播裡，表現出我內心感受的表情。

至今我仍很感謝的一件事是，幸虧我的工作需要親自聆聽並剪輯自己說的話，使我能夠儘早體悟與研究自己的不足之處。即便是同樣的情感，我可以更生動、溫暖的傳達，替代平時不假思索就習慣吐出口的話，於是我在說話之前先三思而行。

我試著在原稿上註記更好的表達方式，以及減少重複的話。上、下班途中，我也會聽其他電視臺的廣播，從中了解一位有魅力的DJ如何表達情感，並與自己的說話方式比較。因此，我累積幾個屬於我自己的生動講話技巧。當想不到怎麼敘述時，這些方法非常有用。

使用能增添生動感的動詞

你會覺得對方說話無聊、沒有個性，是因為你預測得到，說者那如冥想音樂般，令人熟悉的副歌、無變化的節奏，以及平靜的旋律，這種音樂時常促使人們想睡覺。

但某處意外的傳來令人心動、越聽越令人著迷的音樂，擺脫由緩慢漸漸變快的節奏、熟悉的副歌，以令人意外的循環創造新調編曲，使人沒有空閒感到無聊，抓住聽眾的耳朵與內心。

如果你曾說話讓對方沒反應，記得回頭檢視自己是否說話像是無聊的冥想音樂，如果是的話，那正是重新整備表達方式的時機。

首先，你一定有常用的形容詞。說到食物，會想到好吃或不好吃；說到看電影，會想到有趣或無聊，諸如此類。**如果不想要讓坐在面前的對象進入冥想，你必須變奏，也就是在常用的形容詞位置上加入動詞，增添意外性，表達能感覺變得生動與魅力。**

「那部電影，我覺得有點無聊。」（形容詞）

↓「看那部電影，讓我一直打哈欠。」（動詞）

這讓我想起曾一起工作過的同事，他以「睡意襲來」代替「想睡覺」表達，我覺得他的表達方式很可愛。雖然「想睡覺」也算動詞，但以「睡意襲來」更富動作性的方式表達，很新穎。

以「打哈欠」代替常用的「無聊」有增添動作的感覺，同一原理，以「流淚」代替「傷心」；「心蹦蹦跳」代替「興奮」稍微變動表達型態，說話能夠更有生動感。

「故事聽著聽著，我覺得傷心。」（形容詞）

↓「故事聽著聽著，我流淚了。」（動詞）

先自問「如何？」

如果刪去前章所述的「副詞」，偶爾會不知道該如何表達，這時，先自問「如何？」便能在回答時，更加具體的表達情感或想法。自問後，把第一個想到的大方向轉換成更細微的感覺，取代副詞使用：

「昨天看的電視劇，非常有趣。」

↓「昨天那部電視劇，我邊看邊膽戰心驚，很刺激。」

↓「昨天那部電視劇，讓我難得看到忘了時間。」

上述例句把「非常有趣」這種普遍表達，以自問「如何」（有趣）變成更細化的表達而思考如何有趣，即可更具體說出「膽戰心驚」、「充滿驚險」、「很刺激」。自問「如何」時，也能描述自己的狀態，像是「看到忘了時間」比起「非常有趣」更能具體描繪出當下的場面。

如果想對某人表達感動的情感，就試著練習用動詞表達吧。

活用五官感知

聽人說話時，場面越是栩栩如生與充滿想像，更讓人能專注傾聽並聽得津津有味。雖然如刻畫電影場景般的描述自我情感是不錯的方法，但還有一個方法是活用五官感知說話，也就是**利用視覺、聽覺、嗅覺、觸覺與味覺表達情感或想**

法，這個方法不僅限於說話，用於寫文章時，也會變得豐富。

「這新鮮的牡蠣很Q彈。在我戳下去的那一瞬間，啊哈！海味四溢。另外，這現採的海藻，啪啪啪啪的韌勁，煮來吃，五臟六腑都暖和了。」

上述為韓國節目主持人李英子在節目《全知干預視角》形容美味的表達方法，蔚為話題。她描述海藻牡蠣湯飯的一番話，不禁讓我也吞了口水，形容湯飯裡的牡蠣「Q彈」是視覺；「海味」是嗅覺；以及五臟六腑變暖和是觸覺，這樣就完成活用五官感知的文案。

「這個旋律和節奏超適合春天聽。」

↓

「這是一首會讓人想到紫丁香的歌曲。香氣四溢的春天味道令人心癢癢。」

表達「這是一首適合春天的歌曲」時，也能活用五官感知刻畫生動的場景。

若想要表達如上述文句生動，平時要一點一點的練習，不要單純憑第一感覺，要以蘊含五官感知的方式表述。

想要說話有魅力，就要變得積極一點，這好比有些上班族在意穿著或髮型，就會比別人更早一點起床準備。特別是提案或發表這種重要的場合，更要把投資在外表的努力也花費在說話層面上。

一開始雖不容易，但只要持續投資時間在好的說話技巧，總有一天也能毫不費力的生動表達。

06「我然後你」聊天術，保證不冷場

若不是天生親和力十足，大部分的人很難與陌生人自然對話。像是一起吃午餐的主管、被朋友說服參加的聯誼對象，以及重要節慶才會見面的遠親長輩等，各種需要打破尷尬聊天的場合時常迎接我們。

不過，配合人生前輩或老師引導的方向回答與傾聽，尷尬自然會隨著時間消逝。而從某一刻起，你會感受到自己必須成為一個積極的說話者，即你該成為需要主導對話的人。

我的工作要負責帶領眾多工作人員，而且陸續有後輩進來，我需要一個比以前更積極的溝通法，特別是工作以外的「閒聊」。這時，我才明白原來閒聊比想像中的重要。

看似瑣碎的日常對話，它的效果卻一點也不小。閒聊是累積彼此親密感與好感度的溝通工具，它有助於緩解僵硬的工作氛圍，而在變得溫馨的氛圍之中，同事間互助的機會也變得更多了。

使用「我然後你」的話術

想打破尷尬，製造一個好氣氛並延續對話的最佳方法就是「提問」。問得好，對話自然延續下去。那在閒聊的狀況中，要提出哪種問題才能成為延續對話的橋梁？

介紹提問技巧之前，先介紹一種促使對話終結的話術。尷尬時，因為緊張，或者感受到自己需要主導對話的壓迫感，大家常會無意間使用以「我……」為開頭的「自我話術」，不聽對方說話，以自我為中心聊天。

嚴重時，即使對方開口說自己的故事，你仍以「我」的想法、「我」經歷過的故事延續話題，最後以「我」結束對話。

通常使用「自我話術」的人，大多數無法認知自己的對話方式有問題。若我沒有親自剪輯我與來賓的對話及監控自己的語氣，我也無法領悟到在對話裡，「我」跟「對方」的比重程度。

以自我為主的對話，無論是對方、第三者，我自己都會覺得枯燥無聊，因為沒有相互對話形成的共感交流，只剩單方造成的冷空氣。

因此，對話中一定要適當調整「我」與「你」的比重，**以防單方說話。請使用「我然後你」話術，先說「我」的故事，接下來向對方詢問「你」覺得如何？**怎麼想的？單純的問「你覺得呢？」也是不錯的提問。

重點在於話方由「我」換成「你」。接受提問的另一方也能順其自然的說出自己的故事，藉由傾聽與回答，對話源源不絕。

「聽到這件事，我想起我提過就學時期的經驗（我說話），有點妙，○○覺得如何（你說話）？」

我跟另一個與我個性相反的主持人，共同主持廣播節目時，我常使用這個方法。聽完聽眾的故事後，先提出「我」的想法，再把麥克風轉向另一位主持人，詢問「你」的想法。

一個好的脫口秀，主持人和來賓要以固定的比重互相對話、交錯，對話一來一往的過程中，聽眾可以從中感受到樂趣。同樣，**在一般日常對話裡，我們可以藉由詢問對方並說出自己的想法來產生共鳴，過程中對話不無聊，還可以延續有趣話題。**

相反的，以「我」為中心的話術，若不是像單方有好感的粉絲與明星的關係，它反而是造成對話變得無聊的罪魁禍首。連明星在談話節目裡，也會向眾多粉絲問候「你」最近過得如何，粉絲聽到後，也能感受到像在跟親朋好友聊天的感覺，更加期待與明星的談話節目。

在自己的電影裡，大家都把自己當主角，因此，不得不以自我為中心思考、行動，但是稍微脫離「我」，多關心對方，就能增加對話的溫度。

下面比較「自我為主」的話術與「我然後你」的話術：

•自我為主的話術

「你買了手機殼？」
「嗯，這次新買的，設計我很喜歡。」
「原來如此，很漂亮。」
「謝謝。」

•我然後你的話術

「你買了手機殼？」
「嗯，這次換了。如何？還不錯吧？」
「很漂亮，設計看起來很清爽，很適合現在這個季節。」
「對吧？打算想吃冰淇淋的時候，可以代償滿足一下。」
「為什麼要忍耐不吃冰淇淋？難道你在減肥？」

開放性提問

藉由我然後你的話術提問後，又會再次面臨到話題卡住的時刻，也就是向對方提問後，對方簡答。

①

「午餐好吃嗎？」

「嗯，還可以。」

「原來如此。」

②

「你喜歡看恐怖電影嗎？」

「不，我討厭。」

「我滿喜歡的……。」

雖然對話重心由「我」轉移到「你」，但下一個階段，我們要學習可以延續對話的提問技巧。

提問大致分成「開放性提問」和「閉鎖性提問」。閉鎖性提問係指容易簡單回答「是」與「不是」，導致對話終止的提問；反之，開放性提問則是詢問對方想法，彷彿擺上各種的選擇答案紙，幫助延長對話。

若將上面例句的閉鎖性提問換成開放性提問，對話即可延續如下：

①

「你午餐吃什麼？」

「我在前面新開的餐廳吃了拌飯。」

「喔，那家餐點如何？」

「還不錯？小菜供應很充足，會一直補上。」

②

「你喜歡哪一種電影？」

「我喜歡開朗一點的電影，像是浪漫喜劇電影，看了心情會很好。」

「原來如此，我也喜歡浪漫喜劇電影！」

「太好了！那我推薦一部最近剛上映的電影，有趣到我都忘了時間。」

不同於單純回答「是」與「不是」的閉鎖性提問，開放性提問可以在對話中引起另一個話題，因此，只要彼此都有意識到，便能一問一答來回對話。

越資深、後輩越多的大人，越要會使用開放性提問，聽取不同世代的後輩想法或取向，將會成為拓展自我局限世界的契機。

07 絕對不能隨便的「我們隨便聊聊吧」

自從踏入職場後，除了感受到對話的需要性之外，偶爾也會遇到不好開口的時候，像是要與人談論跟自己毫無共同點的世代、工作領域，以及關心事物時。雖然尷尬的說了一、兩句，但接著就安靜了。

然而，對於某些對象或狀況，不顯露自己的取向或意見較好，如：因工作認識但私下有交集會讓人很累的人、喜歡在他人背後說三道四的人。

我曾偶然的跟一位喜歡說八卦的同事走在一起，由於平時很常聽到他搬弄是非，所以我以防禦態度來面對這段對話。因為不想說我的事，於是開口提出跟他相關的事，畢竟我們在公司裡彼此的立場與理解也不同。

由於立場相反，原本想輕鬆度過的時光，卻落得對話不輕鬆的局面，在我努力修行後，終於明白了需要「隨便說話」的技巧。

找尋可以一起享受的話題

如果不想讓話題往你不願的方向走，選定話題比什麼都重要，也就是可以緩解尷尬沉重的氣氛並輕鬆對話的主題。

以我為例，我認為公司政策相關的事不適合作為隨便聊天的話題。因為意見不同產生衝突或見解的差異，可能促使自己面臨困境，而我們都不希望跟不熟的對象發生不必要的論爭。

與尷尬對象說話時，請選擇用「一起」代替「意義」，即選擇可以一起享受代替參雜意義的話題。像是政治或宗教，因為彼此追求的意義或信念不同，可能展開論戰，所以是禁忌話題。同樣的，也禁止談論存有見解差異不同的公司話題，你必須選擇可以「一起」享受的話題。

但要跟一個幾乎沒有共同點的人，找尋一起分享的話題不容易。這時，**你可**

以從YouTube上得到提示，如吃播、美妝、旅行、綜藝等在YouTube上觀賞次數高，而且還是某類別的代表性影片，是大部分人喜歡與關心的事物。

想想看這些大家普遍都喜歡且享受的主題，假設吃播如何？有誰不喜歡美食餐廳、美食的話題？

若能掌握到對方一點點的資訊，即可找到適合的主題聊天。假如對象對吃特別挑剔，則以美妝或旅行等興趣轉移話題。如果對象是一位上班族，休假去玩的旅行地可以是一個好話題。

我也喜歡藉由可以一起享受的話題舒緩氣氛。

「你有去過公司後面新開的生魚片店嗎？那裡的午餐特選是螃蟹泡麵耶，聽說湯頭超厲害。」

哪一種類別是你想到就會笑的呢？像我的話，是美食。即使關係尷尬，選擇大家都可能會喜歡的話題，彼此笑著分享，氣氛會變柔和一些。如果對方年紀比自己大，能知道他喜歡什麼，就說說那個話題，因為大部分的人都很享受訴說自己喜歡的事物。

說說眼前看到的事

因關係尷尬，有時候隨意發言可能會後悔：「我為什麼要說那句話？」就算是要隨便說話來緩和氣氛，也不能亂選話題。以下傳授我從經驗實戰中學習到的「隨便說話」技巧。

曾經我偶然跟一位很難相處的主管，兩人單獨搭乘電梯，雖然時間不到三十秒，但我還是想要隨性說點什麼來緩解尷尬的氛圍。這時，我看到電梯裡貼的海報，並說了：「海報會定期更換。」主管笑著隨聲附和之際，電梯門打開了。

包括這種短暫時間，**突然要跟某人閒聊時，「眼前看到的事」是很有用的話題素材。以對方和自己都能看見、浮出眼前的事為主開頭，即使不去想該怎麼接話，也能自然而然形成對話**。尤其在無任何對方資訊，不知道該說什麼話的時候，以共同看見的事物開頭，對話會變得更自如。

「話說那棟大樓，之前一直都在施工，現在應該結束了吧。」

「是吧。前一陣子施工很吵，現在變得稍微安靜了。」

「對啊，之前因為聲音太大，工作都要戴耳機。終於結束了。」

走在路上，看見的大樓、那棟大樓裡有氣氛好的咖啡廳，或是它旁邊的美食店，我們周邊的對話素材無邊無盡。依照上述提及的「大部分的人都喜歡的類別領域」選擇聊天主題，即可來一段更輕鬆圓潤的對話。

不過也有可能遇到不好以「眼前看到的事」作為話題的情形，例如在連一張海報都沒有的電梯裡。此時，可以拓展五官感知，藉由「聽到的事」、「感受到的事」尋找素材。

電梯裡播放的古典音樂或緩慢到令人鬱卒的電梯速度，都是不錯的素材。

「每次搭電梯時都會播古典音樂。」

「對啊。不過晚上十點後就沒了，應該是有人刻意播放的吧。」

「原來如此，我以為是系統自動播放！」

當我在路上遇到一面之緣的公司同事、不想對他顯露太多自我想法或感覺的對象等，跟他們對話的時候，以「狀態」開啟對話也不錯，如：「這裡有海報耶！」、「電梯裡有古典樂耶！」純粹講述一些眼前看到的事、聽到的事。

不參雜想法或感受，根據狀態講話，對方想要搬弄是非也搬不了。這就是聰明的隨便說話技巧。

08 怎麼引起對方共鳴？你得抓住感情線

恐怖電影裡，激發場景不安感的音樂登場，受到音樂的影響，接下來場景的恐懼加倍，觀眾的情感隨著導演的意圖流動。

像恐怖電影音樂般引起不舒服的情感，這類的音樂大致分為兩種特徵：「不和諧音」與「無法預測的節奏」。製作歌曲時，作曲家選擇以不相容的音律組成不和諧音，來代替人們耳朵聽起來舒適的音色，聽到故意選擇以不安情緒製作的歌曲，觀眾也會接收到不安的情感。

同理可證，節奏使用令人不安、忽快忽慢的拍子，令人感覺似乎會突然跳出什麼東西，促使恐怖電影場景與心臟糾結在一起。

如果你在多人對話時特別覺得尷尬、不合群，試想這類音樂的原理：多人對話就像是合奏，開話題的人是發出旋律的樂器；回應融洽的人是低沉的貝斯；主導整體一半氣氛的人是打拍子的鼓，藉由各自的性格語氣和反應形成對話。

因此，**多人對話之中，如果不想讓自己說的話變成恐怖電影裡的不和諧音，一定要懂得話裡的旋律與節奏。**

配合旋律，不錯過情感線

覺得多人對話特別難的理由之一是，它與一對一談天不同，一轉眼就可能錯過對話的流向。他人主導的時候，若說得越長，你越容易注意力渙散，在對話裡失去重心。

加上有很多人，即使跟不上，有時候也會適當的裝懂，所以我們需要不讓別人發現並快速回歸對話正題的訣竅。此時，我們要注意對話的旋律，及說話者的「情感線」。

「……不過，還是要今天完成。我已經講過我很累，也要求調整工作內容三個月了。」

聽到同事說這番話時，該如何反應？雖然暫時錯過前面說的話，但以對方的情感線為重心，觀察對話，即可避免奇怪的回答。掌握好對話旋律的氛圍，便能得知對方需要安慰或鼓勵，還是解決方法。

●回答一：「什麼啊，他到現在都還沒幫你調整，還讓你工作這麼緊迫？哎，辛苦了。有沒有我可以幫忙的？」

●回答二：「你不是上個月有跟主管提出調整工作量嗎？聽你上次說，好像是這樣……。」

假如你是背負過度工作量的當事者，對你有幫助的回答如第一個例句，對方能產生共鳴並給予協助，反之，未根據情感流動回答，如第二個例句的「事實確認」反而阻斷對話。

在日常談話中，非故意卻發出不和諧音，常見的原因是不懂掌握情感線，請看下面對話：

A：「他怎麼說話這麼有趣，昨天太專心看他的影片，我就晚睡了。」
B：「對啊，最近沒有什麼好看的影片，我也每週都在等這個。」
C：「其實，主持人說話本身不是很有趣？有些話反而敗好感。」

對話裡的A和B在同樣的情感線上分享、聊天，以某一節目的主持人和對節目的高好感度形成共感帶。反之，C無法產生共感，並且針對A說過的話，提出自己不覺得主持人說話有趣的反駁意見。

生活上常會發生像C一樣，不自覺反對別人講的話，無法產生共鳴的狀況，總是下意識的否定他人說的話，這是因為他自己的想法與事實確認，優先於說話者的情感流動。

問題出在，這不是需要討論的工作對話，而是連輕鬆的家常話都不能輕鬆，一直想在開朗的流行音樂旋律裡，參雜悲傷的抒情音調，反而形成一個尷尬的狀況。嚴重的話，還會變成到處搬弄是非的人而被排擠。

假設你在多人對話場合中，經常感到不合群或發生衝突，有必要好好檢測一下，當下的對話是以哪一種音調的旋律組成，舞曲還是抒情？

跟著節奏調整

如果不想讓多人對話變成驚悚或恐怖片，還有一個很重要的要素是「節奏」。對話是以哪一種速度進行，需要看來回聊天的呼吸速度。觀察對話是以舞曲般快呼吸的方式，還是以緩慢的呼吸悠悠流動，掌握合適的回答或反應即可。

A：「如上次報告所說，上半年的實際收益相當重要，因此我們要制定更好的方向。」

B：「是啊。這次投入了很多人力，也準備的很長的時間，顧客的反應特別重要。也許這是我們最後一次機會展開新嘗試。C組長，你覺得呢？」

C：「啊……我也這麼想的。」

C的反應，像是一個被發現在會議中想其他事的人，為什麼會這樣？A和B的對話以長述進行，反之，C簡短的回答顯得太過倉促。所以，必須掌握來回之間對話的節奏原因就在這，在認真分享彼此的想法或藍圖的對話裡，以有誠意的長述型答覆更合適。

相反的，若是一來一往快速對話時，則以簡單精短的回應代替冗長的陳述更為合適。須注意，這跟第一章談論的簡答法不一樣，並非刻意要以簡答來斷絕話題脈絡。

假如個性上沒有足夠的爆發力應付節奏快的對話，或者想不到該怎麼回答，那就直接拋棄回答的壓迫感，認真傾聽並給予合適的反應為好，如同配合演奏旋律樂器打拍子的鼓。

做反應也要懂得談天的節奏，呼吸快的對話裡以快速的方式回應；在呼吸緩慢的對話裡則慢慢點著頭，表示同感，自然而然就能融入其流動之中。

參與多人談話的方法各式各樣，可是不能每個人都擔任主吉他手，所以只要隨著各自的性格配合呼吸速度，即可營造協和的聊天氣氛。

宛如一首美妙的音樂，好的對話需要以相互的共感與體貼相輔相成。

09 最好的說話技巧，聽

廣播節目時常會有與聽眾電話連線的環節，我特別喜歡這個環節。因為可以透過直播，聽到聽眾不受限制、誠實及有魅力的故事，此外，還能聽到DJ生動的有趣反應。

過程中，具有瞬間爆發力能夠機智的接應對話、即使沒有華麗的言語也能做出溫暖反應等，主持人會展現各種不同面貌。特別是能以一句話涵蓋所有溫暖的DJ，雖不巧言令色，話也不多，但他能單以聲音就充分讓人感受到真心。

能夠做出讓聽者心情安定舒服的反應，這樣的主持人有一項特長，那就是「傾聽」。即使習慣性點頭，卻眼神放空、想其他的事，則無法吸收對方所說的故事。

因此，我們需要真心好好聆聽，盡全力理解說者的情感與狀況，以及努力產生共鳴。專注並努力聆聽對方說話，其過程中便能傳達真心。

習慣性的反應反而少了真誠

用心傾聽時，特別要注意習慣性反應的行為，**反應成習慣，反而會妨害你聆聽對方說話**。如：在對方說完之前點頭或回答，分散了專注於傾聽的精力，也有可能遺漏最重要的內容。

你雖然是為了表示正在認真傾聽，很有同感，但記不得對方說的話，那僅是「假裝好好聆聽」。

比較聽線上講座與現場講座，即可得知過度的反應會分散多少精力。聽線上課時，因為是觀看不需要互動交流的錄製影片，故少了面對講師做反應的義務。但現場講座不同，必須與講師一同在現場配合問答授課，自己的角色變得更重要了。當然，現場講座的優點是生動，使人更專注或覺得有趣。不過，對於做出習慣性反應的人，線上講座反而更能專心聆聽，因為不需要做任何反應，所以更能集中精神在課程內容上。若你屬於平時很會做反應的人，更能感受到其中的差異。

就學時期，我因顧及在臺前講課的老師，所以會努力的點頭做反應，而看到很多同學們不集中注意力，讓老師吃力的樣子，促使我想成為老師得力的學生。可能是因為這個關係，長大成人後，我會不自覺的對著說話者點頭回應。但工作後，我才明白這種反應可能會妨害「好好聆聽」的行為。

如果你曾聽過別人說，你反應沒有靈魂或感受不到你的真誠，最好自我檢視你是否在對方說完話之前，習慣性給反應，或為了表現出傾聽的樣子而沒能真正聆聽對方說話。

如果你是這樣的話，建議你減少做出會分散精力的反應次數，包含：「對對對」、「對呀」，以及暫時不要點頭或拍手附和，暫時停下來。就像聽線上講座的時候，對方說完之前先靜靜聆聽，事後再做出反應也不遲。

回話時，刻意不講「我」

人都會從自我世界裡了解他人，換句話說，在傾聽對方說話時，會以自我經驗或知識範圍內產生共鳴。因此，在聽別人講話的時候，會不知不覺的以「自己」的故事解讀。

必須注意這一點，即使重新解讀是為了理解、產生共鳴，但終究可能會變成集中於講「自己的故事」。

「那個人到底為什麼要這樣對我？我居然不能光明正大的擺臉色，社會生活真不容易。」

●回答一：「就是說啊。我主管也說過類似的話，我也累到快死了。話說上次……。」

●回答二：「就是說啊。本來因工作就很忙了，他還來胡鬧，真不容易啊。

你如果要調動部門會很難嗎？」

第一個回答是為了產生共鳴，結果集中在自己的故事；反之，第二個回答則持續關心對方並提出問題。在第一個回答中，雖然回應了對方說的話，但最後以自我為中心延續話題。大部分這類回答方式，會在無意間形成習慣，特別是越親近的對象，越有可能在做出反應後，一直訴說自己的故事。

集中自我的回答最大問題是，它會妨害你的回應，就算聽到對方的故事，你也會不由自主想到自己的事，如果就這樣以自己的故事延續話題，很難真心為對方的情感與狀況表示同感，也因為欲訴說自我故事的想法，會妨害你專心傾聽對方，甚至變成你在等待對方說完。

如果你在回應時，會不知不覺的集中於自我，請練習在答覆時，刻意的去除主詞「我」，並以對方故事裡的對象為主詞。接著，提出相關問題並再次傾聽對方的故事，即可立即回歸到對方說的話。

- 「真的不容易，以前他是不是也折磨過你？」
- 「第一次看到你因為人的問題而苦惱，還好嗎？」

有時候不需要多大的安慰，對方也能從你散發出的表情或態度感受到溫暖的心。如果不能及時判斷該給予什麼反饋的時候，用心傾聽吧，那是最棒的反應。

10 不使用表情符號也能有表情的純文字技巧

有些人實際見面時，你會覺得這個人很溫暖，唯獨傳訊息時感覺冷冰冰的。有一種語氣可以回顧傳訊息時，對方是否生氣或你是否有做錯事，即對自己提出相同的問題，尤其在沒有心力且快速運轉的工作狀況下，在文字對話裡，很容易產生與本意不同的生硬、工作性質的語氣。

所以，我們會在文字聊天時加入符號減少生硬感，藉由驚嘆號、問號或波浪號（～）等符號傳達說話的語感，也會加上笑臉等表情符號。但接受符號的人，隨世代不同，解讀有可能不一樣。

舉例來說，常當笑聲使用的「呵」或「哈」，有些人會將「呵」解讀成嘲笑。若不想引起這種誤會，寄發商業電子郵件或談論專業話題時，最好不要使用。

但難道就沒有不過度又可以在平淡文字中，帶有表情的方法嗎？

文字訊息中，問候語成就第一印象

人與人之間的關係中，第一印象在對話裡相當重要。談話的開頭和結尾好，不論是私下或工作上都有利於形成一段善意關係。

尤其是傳訊息的時候，要在第一印象中下功夫，因為它不如面對面說話般，能夠倚靠表情或聲音傳達情感，因此，問候語決定了一個人在文字訊息裡的第一印象，而開口說的第一句話，造就往後整體對話的語調。

- 「次長好，週末過得還愉快吧！」
- 「經紀人好，你吃午餐了嗎？」

進入正題之前，簡短的問候能讓你在事後的對話裡更游刃有餘。文字對話裡的問候語好比是調節對話的呼吸節奏，與其以急迫的語氣切入正題，不如稍微喘口氣，進行交流，創造一個喘氣的空間。

心力不足時，不易緩和呼吸，但越是這種時候，若能有人情味的待人處事，即使彼此是工作關係，也較能留下好印象。

以問候．感謝．祝賀作為開頭

當你想要傳文字訊息，卻不知該怎麼開啟話題時，記得先以「問候．感謝．祝賀」作為開頭。簡單問對方吃飯了沒？一天過得好嗎？或對方若有值得感謝、祝賀的事，可以借此開啟話題。

不僅限於文字傳達，當我們發送工作上的郵件時，這也是一種增加文字溫度的方法。

- 「組長好。多虧您上次在會議上的幫忙，我工作進行的非常順利。謝謝

您。」（感謝）

- 「叔叔好。近來可好？聽說叔叔家有喜事，恭喜！」（問候、祝賀）

作為開話題的問候不需要太隆重，如第一個例句，向對方小小的好意或紳士行為表示感謝，使用「多虧……」、「因為……」等語句，就能輕鬆延續話題。假設很久沒有聯絡對方，也可以先從問候開始，並簡單提起對方值得祝賀的事，再進入主要話題。比起單槍直入，先從問候．感謝．祝賀的方式開啟話題，接收訊息的那一方更能自在的延續話題。

多虧了你……

若想更真誠的表達問候，可使用「因為……所以……」、「多虧……所以……」等具體表達方式，在文句之中參雜因果關係。講述結果時，如有工作上的成效固然好，但如果沒有，一樣能表達感謝之意。

- 「因為前輩教得好，我學習到很多，非常感謝您。」
- 「因為有你們的祝賀，我今年生日比以往過得更幸福快樂。」
- 「多虧前輩提出的合作方案，讓我們有新企劃製作。感謝您。」

相對於面對面說話，文字聊天的優點是，有充分時間思考如何回話。所以，若平時面對面說話會因瞬間反應力不好，未能完整表達意思，而感到有點惋惜的話，不如用文字來表達自己的心意吧。

描述狀況帶入表情

有時候會想透過文字訊息，傳遞表達更多的情感，如：給予安慰或共感、感動的時刻會想要積極表達情感。

這時，如果在文字中加入生動的情感，會比單純精簡的表達方式更能傳遞那份心意，如果你很難即時以文字具體表達，以下將介紹我從廣播聽眾中學到的有用方法，即以描述狀況帶入表情。

廣播直播途中，會有很多各式各樣的訊息傳來，包括選歌音樂的心得、今天心情的情感描述，以及聽節目時的感受等。其中，蘊藏生動情感的訊息特別吸引我的目光。文字雖短，卻能感受到聽眾的情感與表情。

- 「不知道是不是聽到歌曲很興奮，我五歲的女兒在旁邊搖擺跳舞。」
- 「我聽到此則美食故事，突然流口水。現在好想叫外送。」
- 「你的安慰彷彿最近炎熱的天氣，融化了我的心，雖然對他的討厭折磨著我，但現在我想為了自己放下他。謝謝。」

生動的狀況描述是文字帶入表情的最佳方法。聽到歌曲很興奮的樣子，以「女兒在旁跳舞」的狀況描述，比起「歌曲令人興奮」、「剛剛播放的歌曲很棒」還要更生動。

透過此方式譬喻自我內心與陳述具體的情感，可以更完整的傳遞自己感受到的程度或深度。試著以文字描繪眼前看到的事物、聽到的事物與感受到的事物吧。

- 搞笑：笑到流眼淚。
- 感動：感動到鼻酸。
- 開心：開心到腳步變輕盈。
- 肚子餓：肚子一直咕嚕咕嚕叫。
- 緊張：手心不斷冒出冷汗。

練習以自己的方式一次整理出平時常用的語句，便能在即時溝通時活用。如果收藏很多種專屬自己的表達方式與慣用句，沒有表情符號或迷因梗圖，也能進行豐富的情感交流。

11 見不到面？聲音就是你的臉，語氣是表情

「臉都沒見過的對象，有可能墜入愛河結婚嗎？」

網飛（Netflix）有一個綜藝節目就是以這個問題為出發點製作，即《盲婚試愛》（*Love Is Blind*）。這個實境節目的參加者於一週的時間隔著牆壁對話累積好感，在這其中，配對成功的話就求婚，答應後，實際見面約會、結婚。

在成為情侶之前，提升自己的方法僅有聲音，僅能倚靠聲音、語氣與對話內容決定終生大事。

雖然不至於到結婚，但進入大數據世代後，我們須跟未曾謀面的對象進行重要溝通的情形越來越多，像是電話面試、語音會議等非面對面溝通的機會擴大，

在日常生活中占有一席之地，也出現像 Clubhouse[19] 這種純以聲音與人交流的社群平臺。

因此，許多人開始回頭檢視自己平時使用的言語，因為他們需要倚靠聲音說服對方，獲取好感。

與平常對話不同，語音對話的好感度決定關鍵是什麼？跟一般面對面說話一樣，非語言性因素對語音對話的影響也占了很大的比重。**非面對面對話裡的非語言性因素係指聲音和說話風格，即語氣。聲音高低、強弱與速度等決定了這個人的印象。**

在只能倚靠語音對話的狀況中，聲音是臉龐，語氣是表情。面對面說話時，從臉龐感受第一印象，從表情中認知情感；在非面對面說話時，則以聲音和語氣感受與認知。

就像面試或商業談話、與聯誼對象的第一通電話，越是這種需要好感度的語音對話，越要注意這兩項事情，尤其你是屬於覺得通電話有負擔或害怕的人，試著利用這兩種方法吧。

說話語調比平常高昂

廣播電視劇裡的配音演員，其演技會給人感覺比電視或電影演員誇張，音效也會比看電視的時候更刺激。理由在於廣播是利用聲音表達所有情感的媒介，無法以視覺展現肢體動作，所以必須以更誇飾的演技與音效傳遞聽眾易錯過的情感或資訊。

如通電話，只能倚靠聲音傳遞的非面對面溝通也一定有所限制，若**想給對方留下積極的印象，要以誇張的語調說話**，不過也**不用到演戲般的誇張·只需要提高平常的說話語調就夠了**。假設平時的語調是「Ra」音調，提高一階以「Mi」音調說話。

回想小時候，母親講電話的時候，語氣不一樣，父親因工作通電話的時候，語調也比平常高昂。我覺得神奇之外，也很好奇為什麼會這樣？我想大概就是這

---

19 Clubhouse 是一款由阿爾法探索公司（Alpha Exploration Co.）所發布的多人線上語音聊天社交軟體。

個原因吧。相較於熟悉電視或線上影像媒體的MZ世代（介於千禧及Z世代間，約為臺灣慣稱的八年級生），上一輩的人更熟悉廣播，所以才能自然而然學到如何克服聲音媒介限制的方法吧？

帶著微笑說話

在我突然成為廣播DJ，於錄音室一個人面對麥克風的時期，有一位節目前輩教了我一個方法：「**帶著微笑說話，便能將含有笑容的聲音傳遞給聽者。**」我照著前輩的指示微笑說話，很神奇的事，聲音聽起來更溫暖了（主持恐怖類節目的時候，曾經有聽眾留言說我的語氣既恐怖又溫暖，感覺很奇妙）。

事後才知道，嘴角上揚笑著發聲也是唱歌常用的發聲法。嘴角上揚微笑製造口腔內的空間後，聲音往上傳，可以發出很好聽的音色。製作廣播節目時，我詢問一位歌手發出音色乾淨明亮的祕訣，他的回答是，像是心情好的時候，發出比平常更高昂的語調唱歌。

非面對面的語音對話，另一個要以更明亮的聲音笑著說話的原因是「麥克風效果」。上電視節目時，演出者為了能夠有更好的畫面效果，所以化稍微濃一點的妝，穿上比平常更不一樣的顏色設計衣服，受到攝影鏡頭的扭曲與照明影響，畫面上會更好看。

聲音也一樣，若想在非面對面的語音對話裡獲得好感，就要以更開朗的聲音說話。尤其是在聊天的時候，使用的麥克風會比錄音室裡的高效能錄音機的音質差。因此，以更好聽、更開朗的語調說話，就好比是為了鏡頭照射好看的妝容、服飾，具有相同效果。

如果想給語音對象留下好印象，即使沒發生令人心情愉悅的事情，也要笑著說話，嘴角上揚也好，這樣就能說出比平常更開朗溫暖的語調。

若你想體驗其中差異，請在笑著唸下面文章後，再以嘴角下垂的狀態唸一遍。即便不是配音演員，至少可以做出基本效果。

「通常是因為心情好，所以笑。但反過來，也有因為笑，所以心情變好的時候。為什麼會這樣？這都是因為人類大腦製造的腦內啡（Endorphin）。」

如果你想像播報新聞或探索報導節目那樣傳遞急迫且嚴肅的感覺，試著將嘴角往下，聲音降低一個音調，可以給人一種嚴肅真摯的感覺。

12 好對話的基本模式，好好聽話

不傾聽他人說話，對方也不會聽你說話。很會說話的人，不等於邏輯好的人，而是會傾聽他人說話的人。

上述為美國脫口秀傳說賴瑞．金（Larry King）曾說過的話。賴瑞．金在六十三年間透過廣播與電視訪問將近五萬名人，以他之名製作的CNN現場直播秀《賴瑞．金現場直播》，收視率超越CNN新聞，且在他二〇二一年一月享壽八十七歲之前，有超過半世紀的時間被封為脫口秀帝王。

賴瑞．金認為一個好對話的基本條件是，以真誠的態度打開對方的心房，他特別強調要好好傾聽他人說話。

令人動心的傾聽

有時候，傾聽也被譽為讓初次見面的人掏出內心的魔法。

「因為這裡的製作團隊們很會傾聽故事，我什麼話都說了。」

我從就學時期製作電影到成為PD後，每週在廣播節目裡遇見新的受訪者對我說這句話時，我都會特別開心。雖然是理所當然，但在事前訪談中，若能讓藝人舒服的訴說自己的故事，連不為人所知的資訊都能侃侃而談，就有助於組成前所未有的企劃。

在安定的氛圍下訪談後，也有助於營造當天現場的愉悅氣氛。專業主持人也是人，藉由事前訪談打開心房與未打開心房的狀態下錄音，結果截然不同。

藝人首次公開未曾說過的故事，不僅作為一位演出者，或一起聊天的人，都是愉快的經驗。

•沒有自信的時候，對眼傾聽

透過傾聽的交流是一段讓好對話萌芽的沃土。即使對話長，若彼此不敞開心胸，表面上話題延續，卻無法締結一段深厚的人際關係。

假設使用前述所學的溝通技巧，偶爾仍感到沒自信的話，建議先從對話的最基本功「傾聽」對方說話。**眼睛看著說話者，全心全意傾聽，比起任何花言巧語或邏輯倫理，都能更有力的打開他人心房。**

•積極傾聽

聽他人說話時，我們要擺出積極傾聽的姿態，因為消極傾聽很容易錯失對方話中的情感或重點，你雖然安靜的聽對方說話，但在想別的事或沒有適時的提問做出反應，會使對方變成唱獨角戲。

當然，相較於阻斷他人說話，顧著說自己，消極傾聽多少有助於打開對方的心房，但是根據對象不同，長期下來反而變成對方關閉心房的副作用。你看似認真傾聽，所以對方說出他未曾跟任何人說過的故事，後來卻發現你一點都不記得，他心情該多糟呢？

積極傾聽的具體方法

•傾聽並記住重點

想要積極傾聽，最好依下面兩個方向：一、說話的內容；二、說者的情感。記住對方說話的內容與重點關鍵字，往後可以利用先提出相關話題的方式，表達自己關心對方。

例如：記得對方曾說過櫥窗陳列的皮鞋漂亮，並送給他當生日禮物，可以感動對方。

一般生活閒聊之中，認真傾聽並記得對方話中的重點關鍵字，對往後的交流有很大的幫助。另外，也要記得不能放過對方的煩惱或問題、特別喜歡與討厭的事物，以及搬家或考試日期等重要大事，這表示自己對他的關心。

•「你上次說的不動產契約問題，解決了嗎？」

•「馬上就要考試了，應該更忙了。下個月考試結束後，我們見面放鬆吃個飯吧！」

•「醫院掛號掛好了嗎？有沒有需要我幫忙的？」

•「部長，您之前說小孩喜歡這個角色，對吧？我分享一則跟這個有關的趣味新聞給您。」

性情再剛硬的人，面對一個對自己保持關心的人，也很難一直關著心房。

•隨著情感流動傾聽

積極傾聽的第二種方法是隨著說話者的情感流動傾聽，即與對方的情感產生共鳴，並以相同立場傾聽。對方現在以哪一種心情訴說，以及他抱著怎樣的心情才會說出那番話，跟著他情感流動，即使自己與他個性不同，也能多少理解他。

因為努力聆聽並感受對方的心情，比起消極的時候，更能打開心胸接受對方所說的事情，自然而然就能提出對方心情相關的問題：

- 「所以聽完那個人說的話後，你覺得如何？」
- 「不簡單啊，你現在還好嗎？」

尤其對方煩惱或有問題的時候，一來一回的提問過程，也能幫助對方看清他的心境，光是藉由對話闡述他自己的心情就能獲得治癒。

而且，努力傾聽及專注於對方的情感並給予共感，說話者也能感受到這份心意，敞開心懷。這就跟向專業諮商師尋求諮商的時候，雖然沒有獲得到特別的啟發，心也能變得安定的道理是一樣的。

這個世界即使靜靜的不動也依然吵雜。不單是線下，線上也整天不斷講話，造成疲勞感劇增，而說話的人眾多，卻很少人全心全意傾聽自己說話。對著ＡＩ擴音器說話，或者跟手機裡的語音辨別系統軟體對話，看到這些現象，不禁湧上一股淒涼感。

在這樣的世界裡，**傾聽是藏有體貼溝通的出發點，也是最有人情味的談話技巧。**如果對說話沒自信，那不如專注於聽對方說話，打開真心對話的一扇門。

後記

不挖苦，不大聲說話，不說壞話

對我來說，說話是全部。
不挖苦，不大聲說話，不說壞話，
以言語擁抱人們，那是情意。

——韓國女作家朴蓮浚，《人生奇怪的流逝》

上述文句曾在我的 YouTube 頻道裡介紹過，我每次看到這段都頻頻點頭。說到很會講話的人，我第一個就想起這段文句。

我們很容易說話傷人、隨口說粗言，如同網路上那些沒有解決方案的批評、不深思熟慮就說出口的話。相反的，想不挖苦、不大聲說話，也能傳達自己想說的意思，需要訓練。能掌控且不被情緒左右，又能守護自己與關係的言語不容易達成。

但如果你能不錯失情意，並把該說的都說了，即能獲得飛往更大世界的翅膀，如：說服一個你曾以為無法溝通的人，以及你壓抑急躁的情緒，顧及對方並把該說的話都說完等。

第一次總是很難開口，在困境中，**透過溝通解決問題的經驗累積越多，膽子會一點一點變大**。無論是製作話術相關影片或寫書，我的出發點是希望這些開口的基本技巧能給予大家勇氣。

當然根據狀況不同，有些人你必須拋開情意，以策略對待，但我還是希望正在閱讀本書的你不要放棄情意，即使那些冷酷的人促使我們變得尖酸刻薄。雖然變化是為了適應，但變化持續一段時間後，最終成就自己。

講話的習慣也一樣，與其因為他人的話改變自己或讓自己變得冷漠，不如像一個「溫暖的瘋子」適當表達、締結與斷絕關係，一點一點減輕內心裡的疙瘩。

這跟我喜歡廣播，最後成為ＰＤ是同樣的脈絡。聽廣播的人大部分是每天靜靜做好自己事的人，度過繁忙的苦日子裡，也要聽廣播，不放棄絲毫的愉悅，也想在無言的情形中，笑著不失幽默。

也許是這樣，所以廣播節目的留言裡才飄散出溫暖的人情味，它是快起快落世代中的珍貴溫度，而我總是努力的，把當時在廣播裡感受到的情緒裝進自己的YouTube 頻道中。

由於我筆意不好，沒能在全部的篇章裡裝進溫度，但我努力試著藉由這篇後記，表達出最後的情義與溫暖。不僅是正在閱讀本書的你，還有我，希望我們都能成為一個把該說的話都講出口，又懂得守護關係的大人。

我想奉上本書給我親愛的家人、朋友、同事、前輩、關愛支持《Hirenze》頻道，促使本書誕生的觀眾們；等待十個月並協助這完成本書的所有同仁、曾經因為無法說自己想說的話而流淚的你們，以及成就我的廣播。

參考文獻

- 《五秒法則》（*The 5 Second Rule*），梅爾・羅賓斯（Mel Robbins），Hanbit，二〇一七年。
- 《情感獨裁》，江俊滿，人物與思想社，二〇一三年。
- 《教育學用語字典》，首爾大學教育研究所，Hawoo，一九九五年。
- 《國際人權條約集》，鄭仁燮編譯，景仁文化社，二〇〇八年。
- 《你懂這種心理法則嗎？》，李東貴，Book21，二〇一六年。
- 《讓名嘴 Larry King 教你如何提升說話技巧》，賴利・金，Wisdom House，二〇一五年。
- 《得分條件》，金在英，Hansmedia，二〇一六年。
- 《智慧曆書》，列夫・托爾斯泰，和諧的生活，二〇〇七年。
- 《諮商學字典》，金春慶等合著，學智社，二〇一六年。

- 《透視影響力》，羅伯特・西奧迪尼（Robert Cialdini），Book21，二〇一九年。
- 《大腦跟你想的不一樣》，池谷裕二，台灣東販，二〇一六年。
- 《世上最有趣的六十三項心理實驗》，池谷裕二，人類與樹木之間，二〇一八年。
- 《時事常識聖經》，pmg 知識引擎研究所，pmg，二〇〇八年。
- 《遇見心理學後的幸福》，張元清，Whalebook，二〇二〇年。
- 《心理學擁抱我》，李正美，Mfbook，二〇一九年。
- 《No One Understands You and What to Do about It》，Heidi Grant Halvorson，Bookie，二〇二〇年。
- 《該怎麼讀？》，高英聖，Smartbooks，二〇一五年。
- 《The Upward Spiral: Using Neuroscience to Reverse the Course of Depression, One Small Change at a Time》，Alex Korb，SimSimi，二〇一八年。
- 《正能量》，理查德・懷斯曼，熊津知識家，二〇一九年。
- 《哲學思想》別冊第三本第12號：洛克《人類理解論》，金尚賢，首爾大學哲學思想研究所，二〇〇四年。

- 《趨勢知識字典》，金煥表，人物與思想社，二〇一三年。
- 二〇一七年度人權狀況實際調查人口勞務報告書，職場霸凌實際調查，國家人權委員會。

國家圖書館出版品預行編目（CIP）資料

笑到最後的職場人對話細節：不再氣到內傷、說錯了吃暗虧，韓國最強廣播主持人這樣應對，守住底線，又不得罪人。／崔漢善著；陳彥樺譯. -- 初版. -- 臺北市：大是文化有限公司, 2022.10
272面；14.8×21公分. --（Think ; 242）
譯自：할 말은 합니다 선을 넘는 사람들로부터 나를 지키는 최소한의 언어 습관
ISBN 978-626-7123-92-8（平裝）

1. 說話藝術　2. 溝通技巧　3. 人際關係

192.32　　111011078

Think 242

笑到最後的職場人對話細節

不再氣到內傷、說錯了吃暗虧，韓國最強廣播主持人這樣應對，守住底線，又不得罪人。

作　　者／崔渶善
譯　　者／陳彥樺
責任編輯／江育瑄
校對編輯／李芊芊
美術編輯／林彥君
副 主 編／馬祥芬
副總編輯／顏惠君
總 編 輯／吳依瑋
發 行 人／徐仲秋
會　　計／許鳳雪
會計助理／李秀娟
版權主任／劉宗德
版權經理／郝麗珍
行銷企劃／徐千晴
行銷業務／李秀蕙
業務專員／馬絮盈、留婉茹
業務經理／林裕安
總 經 理／陳絜吾

出 版 者／大是文化有限公司
臺北市 100 衡陽路 7 號 8 樓
編輯部電話：（02）2375-7911
購書相關資訊請洽：（02）2375-7911 分機122
24小時讀者服務傳真：（02）2375-6999
讀者服務E-mail：haom@ms28.hinet.net
郵政劃撥帳號：19983366　戶名：大是文化有限公司

法律顧問／永然聯合法律事務所
香港發行／豐達出版發行有限公司 Rich Publishing & Distribution Ltd
香港柴灣永泰道 70 號柴灣工業城第 2 期 1805 室
Unit 1805, Ph. 2, Chai Wan Ind City, 70 Wing Tai Rd, Chai Wan, Hong Kong
電話：（852）2172-6513　傳真：（852）2172-4355
E-mail：cary@subseasy.com.hk

封面設計／尚宜設計公司　內頁排版／思思
印　　刷／鴻霖印刷傳媒股份有限公司

出版日期／2022 年 10 月 初版
定　　價／新臺幣 360 元
I S B N／978-626-7123-92-8（缺頁或裝訂錯誤的書，請寄回更換）
電子書ISBN／9786267192184（PDF）
9786267192177（EPUB）